ISBN 978-0-483-42224-7
PIBN 11292849

1 MONTH OF
FREE
READING

at

www.ForgottenBooks.com

By purchasing this book you are eligible for one month membership to ForgottenBooks.com, giving you unlimited access to our entire collection of over 1,000,000 titles via our web site and mobile apps.

To claim your free month visit:
www.forgottenbooks.com/free1292849

English
Français
Deutsche
Italiano
Español
Português

www.forgottenbooks.com

Mythology Photography **Fiction**
Fishing Christianity **Art** Cooking
Essays Buddhism Freemasonry
Medicine **Biology** Music **Ancient
Egypt** Evolution Carpentry Physics
Dance Geology **Mathematics** Fitness
Shakespeare **Folklore** Yoga Marketing
Confidence Immortality Biographies
Poetry **Psychology** Witchcraft
Electronics Chemistry History **Law**
Accounting **Philosophy** Anthropology
Alchemy Drama Quantum Mechanics
Atheism Sexual Health **Ancient History**
Entrepreneurship Languages Sport
Paleontology Needlework Islam
Metaphysics Investment Archaeology
Parenting Statistics Criminology
Motivational

Der Fächer

Von

Georg Buß

Mit 120 Abbildungen

Bielefeld und Leipzig

Verlag von Velhagen & Klasing

1904

Druck von Filcher & Wittig in Leipzig.

Abb. 1. Bildnis der Violanta mit Federfächer. Gemälde von Paris Bordone. München, Pinakothek. Nach einer Originalphotographie von Franz Hanfstaengl in München.
(Zu Seite 76.)

Der Fächer.

I.

Einleitung.

Seitdem mit dem ersten Fächer der erste Sieg errungen wurde, sind viele Jahrtausende dahingegangen. Die Begebenheit soll sich unweit des Ararat in einem paradiesischen Garten zugetragen haben. Ein Jüngling schweifte dort einsam umher, kalt gegen die paradiesische Herrlichkeit, aber erfüllt von heißem Verlangen nach einem verwandten Geschöpf, in dem seine Gedanken Widerhall und Verständnis fänden. Und endlich ward sein Sehnen erfüllt. Wie der silberne Mond aus dunklem Gewölk taucht aus dem tiefen Grün der Palmen eine lichte Gestalt auf, umflossen von berückendem Liebreiz. Überrascht, staunend, bewegungslos schaut der Einsame das seltsame Wesen an. Da fliegt Ungeduld über die Züge des ersten Weibes; sie bricht von der Palme ein Blatt und beginnt mit ihm zu fächeln, erst langsam, dann schneller, leidenschaftlicher, stürmischer und nun wieder sanft und zephyrgleich, wie wenn hochgehende Wogen nach tobendem Sturme sich glätten. Nun erst fühlt und begreift der Sohn des Paradieses, bestrickt von jener Schönheit der Bewegung, die wir Grazie nennen, daß seine Verlassenheit gehoben ist. Seine Züge begeistern sich, ein Jubelruf entfährt seiner Brust — es ist um ihn geschehen. Stolzer Triumph leuchtet aus den Augen der schönen Fächerin. Zwar senkt sie den Blick bescheiden zur Erde, aber nur um den Besiegten ewig zu ihren Füßen zu sehen.

Wie gesagt, die Geschichte vom ersten Fächer ist schon lange her. Aber sie hat, mag der Garten mit seiner berückenden Pracht auch längst versunken sein, Billionen Auflagen erlebt, und sie wird noch Billionen Auflagen erleben und nie vergessen werden, solange die Erde kreist. Weib und Koketterie haben von Anbeginn ein dauerndes Bündnis geschlossen, das unüberwindlich ist, stets noch über Schlachten und Revolutionen siegreich triumphiert hat und den Bestand der Menschen für immer sichern wird, trotz aller jener Träumer und Philosophen, die als höheres Glück das Nirwana preisen.

Die Chinesen erzählen sich die Entstehung des ersten Fächers anders. Auch bei ihnen beginnt sie mit den Worten: „Es war einmal." Vor langer, langer Zeit, weit vor der Shang-Dynastie, als die Frauen und Jünglinge noch der trefflichen Kunst entbehrten, ihren Brauen mit köstlicher Schminke die fein geschwungenen Formen der Fühlhörner des Seidenspinners oder der Mondsichel zu verleihen, also vor vielen tausend Jahren, lebte ein wunderschönes Mädchen, das Lam-Si hieß und die Tochter eines hoch angesehenen Mandarinen war. Wer von den jungen Männern Lam-Si sah, war von ihr bezaubert, und wer sie reden hörte, trug im Herzen solches Wehe davon, daß er in allen Staatsprüfungen jämmerlich durchfiel. Ja, so schön war Lam-Si! Als sie nun eines Tages bei einem öffentlichen Feste die drückende Hitze nicht ertragen konnte, nahm sie die Larve von dem niedlichen Gesichtchen und fächelte sich mit ihr erfrischende Kühlung zu. Sie tat dies aber so reizend, und sie erschien bei dieser Bewegung selbst den kritisch

1*

veranlagtesten Mitschwestern so anmutig, noch anmutiger als eine Blume, die im leichten Winde am zarten Stengel hin- und herschwankt, daß jedermann gleichfalls zu fächeln begann. Und seit dieser Zeit führen den Fächer in China alle Menschen, Weib und Mann, jung und alt, arm und reich.

Seltsam mutet diese Erzählung an, aber noch seltsamer jene der Griechen. Nach ihnen ist Psyche die erste Fächerin gewesen. Ihre Schönheit soll, wie Apulejus berichtet, so ausgezeichnet und außerordentlich gewesen sein, daß die menschliche Sprache zu arm war, sie würdig zu feiern. Viele Menschen strömten von weither zu Wasser und zu Lande herbei, um das herrliche Wesen zu schauen. Aphrodite fühlte sich zurückgesetzt und wutentbrannt rief sie ihren Sohn Eros. „Ich beschwöre dich," kam es bebend über ihre Lippen, „verschaffe Rache, volle Rache deiner beleidigten Mutter. Losse jenes Mädchen entflammen in verzehrendster Liebe zu dem niedrigsten und gemeinsten Manne, der auf der ganzen Erde nicht seinesgleichen findet!" Und Eros eilte behend von hinnen, um der Mutter heißen Wunsch zu erfüllen. Aber wie die Kinder sind: er sieht die schöne Psyche und — verliebt sich in sie, trotz der lohenden Entrüstung Aphroditens.

Zu den männlichen Bewohnern des Olymps, die dem glücklichen Götterjüngling den schönen Besitz neideten, gehörte auch Äolus, der Gott der westlichen Winde. Aber wie weich und lind er Psyche auch umkoste, es half ihm nichts — die Angebetete blieb standhaft. Nur ein einziges Mal, als sie in Abwesenheit ihres Eros schlummerte, gelang es Äolus, die Lippen des schönen Kindes mit den seinigen leise zu berühren. Just aber kehrte Eros nach Hause zurück. Im ersten Augenblick war er starr, dann aber faßte er in wilder Eifersucht den Nebenbuhler und warf ihn unter grimmen Verwünschungen zur göttlichen Wohnung hinaus, daß die Wolken dröhnten. Als Siegeszeichen behielt der Gott einen Flügel des Äolus in Händen. Galant überreichte er die kostbare Trophäe der Geliebten, die über den Lärm erwacht war. Diese hatte nichts Eiligeres zu tun, als mit dem prächtigen Flügel sich zu fächeln, und sie vollzog dies so schelmisch und mit solchem entzückenden Reiz, daß Eros' Zorn mit der Schnelligkeit des Blitzes verraucht war. Fächer und Fächeln sind seit dieser Begebenheit im Lande der Hellenen Mode geworden und in Mode geblieben bis auf den heutigen Tag.

Aus allen diesen Geschichten läßt sich ersehen, daß die Vorstellung, der Fächer sei aus der Gefallsucht der Frauen geboren, alt und weit verbreitet ist. Er wird als wirksamstes Mittel zur Entfaltung von Grazie und als gefährlichste Waffe bei den Eroberungszügen des Ewigweiblichen betrachtet. In den zarten Händen wird er geradezu zu einem Scepter, das Herrschaft kündet und Unterwerfung verlangt. Seine größte Verbreitung fand er in Europa während der Zeit des Barock und Rokoko. Damals war

Abb. 2. Geflochtene Fächer aus Flores, Timor, Allor und Letti.
Berlin, Museum für Völkerkunde. (Zu Seite 9.)

die Gewalt der Frauen über die großen
und kleinen Olympier, welche ihre Re-
gierungssorgen zu vergessen suchten, am un-
beschränktesten und nachhaltigsten. Selbst
heute, da die Zeit der Hirtenspiele, der
Schäferromane, der Grottengeheimnisse, der
Najadenbewunderung und der zierlichen, einschmeichelnden Menuetts vorüber ist, geht
von dem Fächer noch ein bestrickender Zauber
aus, dem mancher kühne Mann trotz aller
guten Vorsätze unterliegt.

Auch der Weise von Weimar kannte den
Zauber des Fächers, und als er in Abwehr
nüchterner Auffassung keine machen wollte,
daß jedes Wort mehr wie einfache Geltung
habe und tiefen Sinn besitze, den man er-
fassen müsse, holte er zum Vergleich den
Fächer heran:

„Das Wort ist ein Fächer! Zwischen den Stäben
Blicken ein Paar schöne Augen hervor.
Der Fächer ist nur ein lieblicher Flor,
Er verdeckt mir zwar das Gesicht:
Aber das Mädchen verbirgt er nicht,
Weil das Schönste, was sie besitzt,
Das Auge, mir ins Auge blitzt."

Nach den einschmeichelnden Lobreden
auf den Fächer und die Fächerin dürfen die
abweichenden Ansichten einer Gegenpartei,

Abb. 3. Durchbrochener Bastfächer aus Samoa.
Berlin, Museum für Völkerkunde. (Zu Seite 9.)

die glücklicherweise stark in der Minderheit ist, nicht überhört werden. An ihrer Spitze
steht der heilige Hieronymus, der den berühmten Ausspruch getan hat: „Feminae sunt
viscarium diaboli." Dieses Verdammungsurteil verdeutschte der sehr ehrenwerte Friedrich
Messerschmid in seiner 1615 zu Straßburg gedruckten Übersetzung des von dem Italiener
Antonio Maria Spelta geschriebenen Buches „Die kluge Narrheit" dahin: „Es sein
die Weiber des Teuffels Leimrutten."

Auch der würdige Spelta scheint wie der heilige Hieronymus in dem genus femi-
ninum ein Haar gefunden zu haben, denn er variiert das Thema von des Teufels
Leimruten mit vielem Behagen. Hierzu gibt ihm besondere Veranlassung die weibliche
Putzsucht. Er ergeht sich über den Luxus der Damen in Klagen, die kaum minder
ergreifend als jene Hiobs und Jeremias' sind. Immerhin besitzen sie kulturgeschicht-
lichen Wert, da sie einen tiefen Einblick in den Aufwand und die Tracht damaliger Zeit
gewähren. Schonungslos reißt er den Vorhang sogar von dem weiblichen Putztisch, um
die zartesten Geheimnisse der Verschönerungskunst preiszugeben. Was man erfährt, bestätigt wieder Ben Akibas weisheitsvollen Satz: „Alles in der Welt ist schon dagewesen."

„Die Frauen und Mägdlein," berichtet Spelta, „erfüllen' und bestreichen ihr Antlitz,
um sich schön zu machen, mit mancherlei Farben, mit Bleiweiß, sublimiertem Arsenik,
lebendigem Schwefel, bestem Zucker, Alaun, bestem Kristall, Borox, Semmelmehl, gebranntem Wasser, destilliertem Bohnenwasser, gebranntem ‚Kühkotwasser', Limonensaft,
Eselsmilch, Rosenwasser, rotem Wein, Bleiweißsälblein und vielen anderen Mittelchen.
Die Instrumente der Weiber' für den Putztisch sind kaum zu zählen. Da sieht man
Strählspiegel, Ohrenlöffel, Haareisen, Zänglein, Haarscheren, Rupfzänglein und Pfrie-
men. Da stehen Schächtelein, Büchslein, irdene Geschirrlein, gläserne Fläschlein,
Schüsselein, Schärblein, Häfelein, Eierschalen, Muscheln und andere Geschirre, gespickt
und ausgefüllt von allerhand Pflästerlein und Sälblein. Da tritt die Magd herbei, um

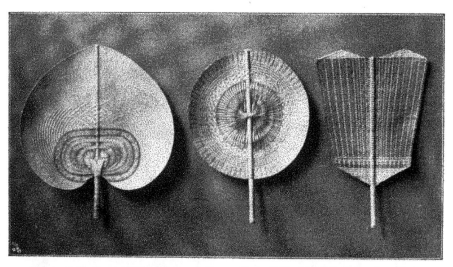

Abb. 4. Geflochtene Tonkinfächer aus Anam. Berlin, Museum für Völkerkunde.   (Zu Seite 9.)

der Frau die Haarbögen zuzurüſten, ihr die Roſru und die Neſtel zu binden, die Haarſcheitel zu machen, das Haar recht zu ordnen und zu zerteilen, ſie einzuſchnüren, die Achſeln zu ziehen und einzuhalten, davornen und dahinten zu helfen, die Pantoffel und Stelzenſchuhe herbeizutragen, die Falten zu heben und den Schweif zurechtzulegen. Nach ſolchen Vorbereitungen ſtolziert die Frau mit Biſam- und Zibetpelzwerk, mit aufgeputztem Kopf, aufgelegten Büſchen, auf der Seite hoch gebundenen Hörnern, gelben, braunen, blauen, grünen, ſchwarzen und weißen Haarflechten, mit goldenen Binden und Floren, mit Masken, Larven, Federbüſchen, Hüten, die mit ſilbernen und vergoldeten Münzen und Medaillen geſchmückt ſind, mit Haarbändern, Diamantringen, Halsketten und an den durchlöcherten Ohren mit Gehenktem umher, in der Rechten Nägelsblumen und in der Linken Roſen haltend."

Nicht genug des Zornes verwünſcht er die zur Winterszeit üblichen „Schlupfſer von Zobel", die ſeidenen, mit Goldſäden beſtickten Handſchuhe, die Karrenräder, ſo man „Krägen" nenne und ſo groß ſeien, daß es Not tue, Türen und Pfoſten zu erweitern, und den Unfug, jeden Monat die Formen dieſer Krägen zu verändern.   „Welche Veränderungen," heißt es wörtlich, „oftmals mehr koſten, als bisweilen ein neues Kleid. Und ich weiß eine Perſon, die hat für einen dicken Kragen fünfzig Kronen ſpendiert."

Endlich gedenkt er auch mit feurigem Tadel der Fächer. Die im Sommer beliebten „Windfahnen" und „Muckenſchleicher", wie der kernfeſte Meſſerſchmid überſetzt, ſind ihm der ſündigſte Putz der Welt. Von ihrer Poeſie hat er keine Ahnung. Sie ſtechen ihm wie ein Dorn ins Auge.   „Sind dieſes nicht Würkungen der Narrheit?" fragt er tief erboſt. Und um eine möglichſt kraftvolle Antwort zu geben, macht er eine Anleihe bei Euripides, der da geſagt habe: „Die Frauen ſeind zwar zu allem Guten gar ungeſchickt, aber alles Böſe zu vollbringen ſehr verſchmitzt."

Offenbar ſtehen Spella und Meſſerſchmid auf dem Standpunkte, daß die Erſchaffung Evas bei Lichte beſehen eine Tat von ſehr zweifelhaftem Werte darſtelle. Windfahnen, Muckenſchleicher, Zobelſchlupfer, Kragen und alle anderen weiblichen Putzartikel ſind ihnen Geſchenke des Diabolus, der die Frauen bei guter Laune erhalten will, um mit ihnen das große Sündenregiſter der Menſchheit nur noch zu ſteigern. Es iſt bedauerlich, daß der edle Euripides in ihre Geſellſchaft geraten iſt — ebenderſelbe Euripides, der im Oreſtes die herrlichen Worte ſagt:

„Ein ſelig Leben lebt der Mann, dem ſchön erblüht
Das Glück der Ehe! Wem es da nicht lächelte,
Dem fiel daheim und braußen ein unſelig Los."

II.
Bei den Naturvölkern.

Der moderne Kulturmensch ist gewohnt, in seiner Vorstellung Fächer und Fächeln mit schönen Frauen, duftigen Ballkleidern, rauschenden Seidenroben, glänzend ausgestatteten Konzert- und Theatersälen zu verbinden. Der Fächer, der gewissermaßen ein Symbol des Lebensgenusses und der heiteren Freude am Dasein ist, wird als etwas betrachtet, das der Prosa der Nützlichkeit entrückt ist und wie ein Schmetterling von Zeit zu Zeit sommerschön vorübergaukelt. Und doch ist der Fächer nichts weiter als das Ergebnis einer Notlage unter dem glühenden Sonnenbrande der heißen Zone, eine Schöpfung des Bedürfnisses, aus dem, wie weise Denker behaupten, alle Erfindungen hervorgehen. In der versengenden und erschlaffenden Hitze der Tropen und der benachbarten Breitengrade ist der Fächer eine Notwendigkeit, der sich selbst der schlichteste Sohn der Natur nicht zu entziehen vermag. Das ist auch der Grund für das Vorkommen des Fächers unter Menschen, die der Zivilisation weit entrückt und von ihr nie oder nur wenig berührt worden sind: ihn benutzen, um sich die ersehnte Kühlung zu verschaffen, die Eingeborenen im Innern Südamerikas und Afrikas, ebenso wie die Insulaner Indonesiens und Ozeaniens. Sie besitzen Fächerformen in einer Fülle, wie sie Europa nicht aufzuweisen hat. Es handelt sich nicht um den Faltfächer, dessen Heimat China und Japan sind, sondern um den gestielten Blattfächer, der, wie schon sein Name deutlich angibt, aus einem ausgebreiteten Blatte mit Handgriff besteht.

Die Annahme, als ob zur Herstellung eines solchen Fächers lediglich das Blatt der Fächerpalme verwendet wird, ist nicht zutreffend. Auch Haut und Zeug spielen nur eine untergeordnete Rolle. Den Vorzug erhält vielmehr die Technik des Flechtens, zu der je nach Vorkommen Stroh von Zerealien, Palmstroh, Rotang, Weidenruten, Binsen, Bantuanggras, Lontara- und Pandanusblätter, Agavefasern, Bast, Bambussplinte und eine Menge anderer geeigneter vegetabilischer Stoffe benutzt werden. Gerade die Tropen bieten solches Material in außerordentlicher Fülle und großer Verschiedenheit.

Das Flechten gilt mit Recht als eine der ältesten menschlichen Künste. Es ist der Weberei vorangegangen und hat ihr als technische Vorstufe gedient. Dach und Wände der Hütte, Matte und Korb sind vielleicht die ersten Leistungen, die der Eingeborene in dieser Kunst hervorgebracht hat. Mit der Übung kam die Meisterschaft und hiermit die Erweiterung der Aufgaben. Schon die Syrer, welche den Welthandel des Altertums monopolisiert hatten, und die Araber, die seit dem Verfall des Römischen Reichs dem europäischen Markt die Erzeugnisse Asiens und der Ostküste Afrikas zuführten, wußten die kunstvollen Mattengeflechte Indonesiens hoch zu schätzen. Marco Polo, der 1221 seine Reise nach China antrat und siebzehn Jahre dort blieb, berichtet von ihnen, und der Chinese Chao-Ju-kua, der sein Buch „Aufzeichnungen über die Fremden" zu Anfang des dreizehnten Jahrhunderts geschrieben hat, erzählt gelegentlich seiner Schilderungen von dem damaligen Seehandel der Völker und der

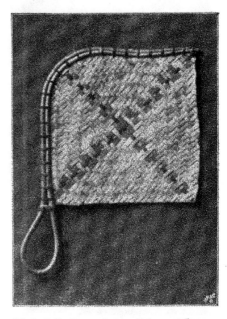

Abb. 5. Geflochtener Fahnenfächer aus Borneo. Berlin, Museum für Völkerkunde. (Zu Seite 10.)

wichtigsten, in China eingeführten Waren von den sein gearbeiteten Matten, welche die handelsluftigen Wilden der Philippinen in ihren Kähnen herbeibrachten, um für sie und einige andere Artikel seidene Sonnenschirme, Porzellane und geflochtene Rotangkörbe einzutauschen. Seitdem Kolumbus den Atlantischen, Vasco de Gama den Indischen und Fernando de Magalhães den Großen Ozean auf schwankendem Kiel durchfurcht haben, ist noch jeder europäische Entdecker über die Kunstfertigkeit der Bewohner der südlichen Zone im Flechten erstaunt und entzückt gewesen.

Wenn das Flechten unter den verschiedenen Naturvölkern unzweifelhaft autochthonischen Ursprungs ist, so läßt sich auch wohl annehmen, daß der Fächer, den sie in Flechtwerk herstellen, eine Erfindung ist, die ihnen nicht von einer höher stehenden Kultur zugetragen wurde, sondern die sie ihrer eigenen Fähigkeit verdanken. Das Bedürfnis hat sie zu dieser Erfindung, deren Ausführung durch die althergebrachte Technik des Flechtens begünstigt wurde, hingetrieben. Bezeichnend ist die Tatsache, daß unter den Altertümern Yucatans, eines Stammsitzes der Maya-Völker, auch einige aus dem Blatte der Pindopalme geflochtene Fächer gefunden wurden. Dies beweist, daß der Fächer dort schon geflochten wurde, ehe noch die spanischen Eroberer den Boden Zentralamerikas betreten hatten.

Daß der Stielfächer in seiner Form einem natürlichen Blatte von herz- oder nierenförmiger Gestalt nachgeahmt wird, erscheint sehr natürlich, denn es liegt nahe, geeignete Vorbilder der Flora zu entnehmen. Aber diese Formen sind nicht die einzigen unter den Fächern der Naturvölker, vielmehr bietet sich eine überraschende Fülle von Verschiedenheiten: es werden in Flechtwerk runde, ovale, quadratische, oblonge, rautenförmige, achtseitige, dreieckige, rakettartige, stern-, pfeil-, lanzen-, schaufel- und palmettenförmige Fächer in sauberster Ausführung hergestellt, ganz abgesehen von den zahlreichen Formen, die sich nur durch Zeichnung verständlich machen lassen.

Eigentümlich erscheint es, daß in weit voneinander getrennten Ländern Fächer in ein und derselben Form gefertigt werden. So findet man den dreieckigen Fächer nicht nur auf den Kleinen Sundainseln, sondern auch in Togo an der Westküste Afrikas. Ebenfalls ist hier, genau so wie in dem fernen Hawaii, die Rautenform vertreten. Nicht minder bemerkenswert ist die Übereinstimmung eines geflochtenen Fächers der in der Mitte Südamerikas wohnenden Trumaí mit einem Fächer, der auf einem in Chiusi gefundenen antiken Steinsarkophag gemeißelt ist. Dargestellt ist auf dem Sarkophag ein ruhender, von fünf Todesdämonen umgebener Mann, der den Fächer in der Hand hält. Das Kunstwerk gehört der späteren hellenistischen Zeit an und ist etruskische Arbeit. Der Fächer entspricht in der Form ungefähr der etwas flach gedrückten Silhouette einer Windenblüte. Verwandte Fächerformen lassen sich auf den apulischen Prachtamphoren erkennen. Daß die Indianer des oberen Schingu-Gebiets in Südamerika eine ähnliche Form bevorzugen, wie sie jene spätgriechischen Werke

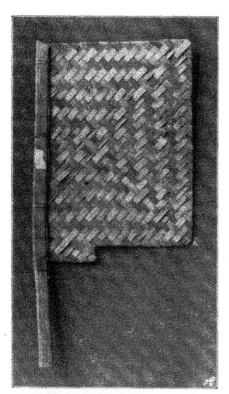

Abb. 6. Feuerfächer aus Java.
Berlin, Museum für Völkerkunde. (Zu Seite 10.)

zeigen, daß überhaupt gewisse Formen in· weit getrennt liegenden Gebieten bei den Fächern über-
einstimmend zur Anwendung gelangt sind, spricht
gerade für die Selbständigkeit, mit der jeder Ar-
beiter sein schlichtes Werk ausgeführt hat. Es
verhält sich mit diesen Fächerformen wie mit den
einfachen Ornamentformen der Naturvölker: sie
zeigen meist eine vollkommene Übereinstimmung,
weil sie eben den gewöhnlichsten geometrischen Gebilden oder dem natürlichen Blatte nachgebildet sind.

Sobald die Abgeschlossenheit eines Naturvolkes
durch eindringende Kulturträger gesprengt wird,
muß sich erfahrungsmäßig der Formenreichtum erweitern. Manche Fächerformen Ozeaniens und besonders Indonesiens lassen den Schluß zu, daß sie
unter fremden Einflüssen entstanden sind. Gerade
Indonesien ist das Tummelfeld für fremde Völker
gewesen: Araber, Portugiesen, Holländer, Engländer
haben nach seinem Besitz gestrebt, vorderindische
Wirkungen sind zu spüren, Buddhismus, Brahmanismus und Islam haben sich ausgebreitet, und
schließlich ist der christliche Missionar nicht zurück-
geblieben. Anderseits ist wieder mit der sehr
zähen Beharrlichkeit südlicher Naturvölker zu rechnen, die sich nur schwer vom Althergebrachten trennen. So läßt sich mit Sicherheit annehmen, daß
auch bei dem Formen und Verzieren der Fächer
Indonesiens und Ozeaniens, wie überhaupt aller
jener Naturvölker, die mit den Fremden in Be-

Abb. 7. Geisterfächer aus Süd-Celebes.
Berlin, Museum für Völkerkunde.
(Zu Seite 11.)

rührung getreten sind, trotz einiger Abweichungen die Tradition noch immer den größeren
Einfluß ausübt. Wer die niedlichen sternförmigen oder achtseitigen Fächer von Flores und
Timor sieht (Abb. 2), von deren weißgelblichem Grunde sich Sternchen und Tupfen in
weichem Rot oder Blau abheben, oder die zierlich geflochtenen Fächer Samoas (Abb. 3), deren
breite Pfeilform in hübschem Muster zum Durchziehen bunter Bänder durchbrochen ist,
oder endlich die großen rauten- oder blattförmigen Fächer von den Nauen-, Marshall- und
Gilbertinseln mit den schwarz-weißen Rändern aus Gillbast, den die Insulaner vorzüglich
zu färben verstehen, der mag sich schwer von der Vorstellung trennen, daß diese Fächer
noch genau jenen entsprechen, die schon vor Hunderten von Jahren gefertigt und von den
Insulanerinnen mit natürlicher Grazie bewegt wurden. Das gleiche gilt mit bezug auf
die prächtig geflochtenen Blattfächer des indischen Festlandes, insbesondere Hinterindiens;
sie nehmen sich aus, als ob englischer und französischer Einfluß wirkungslos geblieben
seien. Selbst beim Tonkinfächer (Abb. 4), der in Ha-noi am Songka und in einigen anderen
Orten des Landes in großen Mengen hergestellt wird, läßt sich keine Einwirkung französischer Geschäftsleute bemerken, obwohl eine solche nur natürlich erscheinen könnte. In
seiner Art ist der Tonkinfächer ein Kunstwerk, mag er nun rund, schaufel- oder
herzförmig gestaltet sein. Die herzförmigen, bei denen die strahlenförmig verlaufenden
Nerven eines natürlichen Blattes nachgeahmt sind, wirken um so reizvoller, als sie
gleich den buntschimmernden Flügeln eines Pfauenauges in vier oder fünf Farben mit
höchster Zartheit abschattiert sind. Auch die runden Fächer mit ihren radial gestellten
Nerven und ihren konzentrischen Flechtringen sind durch weiche Farbentönungen verschönt,
während den schaufelförmigen meist nur ein schlichtes Braun gegeben ist. Alle diese
Fächer nehmen sich in Form und Farbe so vornehm aus, als ob bei ihrer Herstellung
ein Künstler tätig gewesen sei. Und doch sind sie nur Erzeugnisse der Eingeborenen, die
schon lange vor dem Eindringen der Franzosen ähnliche Leistungen hervorgebracht haben.

Abb. 8. Fächer der Bugi in Süd-Celebes.
Berlin, Museum für Völkerkunde.
(Zu Seite 11.)

Eine Abart des gestielten Blattfächers bildet der Fahnenfächer. Für sein hohes Alter ist bezeichnend, daß er sich bereits auf altbabylonischen Siegelzylindern nachweisen läßt. Er steht jener Zeit nicht fern, da Chammurabi um 2200 v. Chr. dem babylonischen Reiche die Einheit gab und sich zum Herrscher von Gesamtbabylonien emporschwang. Die Form des Fahnenfächers ist die einer Wetterfahne mit feststehendem oder drehbarem Fahnenblatte. Auf den ersten Blick erscheint das Fächeln mit diesem eigentümlich gestalteten Gerät unbequem, aber beim Gebrauch ergibt sich, daß der Fächer vorzüglich zu handhaben ist. Besonders geeignet ist er in den Händen der Dienerschaft, die nach orientalischer Sitte dem Herrn oder der Herrin Kühlung zufächelt. In solchem Falle werden Fahnenfächer mit ziemlich langer Stange gewählt, so daß zwischen Bedienung und Herrschaft ein größerer Zwischenraum verbleibt und diese möglichst wenig belästigt wird.

Auch der Fahnenfächer ist bei gewissen Naturvölkern vertreten. Insbesondere sind die Malaien auf den großen Sundainseln Sumatra, Borneo und Jowa große Verehrer des Fahnenfächers. Sie wissen ihm mit geringen Mitteln eine recht handliche Form zu geben. Ein dünner, zäher Stab wird im rechten Winkel geknickt, der Winkel mit dem viereckig geflochtenen, schön gefärbten und gemusterten Fahnenblatte ausgefüllt und das untere Ende des Stabes als Handgriff zu einer Schleife umgebogen (Abb. 5). Möglich ist es, daß sich die Malaien ihren Fahnenfächer nicht selbst erfunden haben, sondern daß er ihnen von den Arabern zugetragen ist. Überhaupt muß die weite Verbreitung des Fahnenfächers außerhalb Ostasiens und Indiens auf die Araber zurückgeführt werden. Sie haben den Fahnenfächer von jeher bevorzugt und stellen ihn noch heute in Mekka, Djidda und anderen Orten in großen Mengen her. In Ozeanien, wo arabische Einwirkungen ausgeschlossen sind, kommt der Fahnenfächer nicht vor. Hingegen taucht er überall auf, wo das arabische Element zur Herrschaft oder auf Grund seiner Handelsunternehmungen zu Einfluß gelangt ist. So ist er in der gesamten Nordhälfte von Afrika als gebräuchlichster Fächer anzutreffen. An der Sklavenküste und im Hinterlande von Togo stimmt seine Form sogar genau mit der auf den großen Sundainseln überein, nur daß im Material insofern ein kleiner Unterschied besteht, als die Neger für die Einfassung des feingeflochtenen und streifig gemusterten Fahnenblattes und für die Bekleidung der kurzen Griffstange Leder benutzen.

Der Malaie hat praktischen Sinnes dem Fahnenfächer noch manche andere Bestimmung gegeben — er benutzt ihn als Kühlwedel für heiße Speisen und Getränke, als Reiniger des Getreides von der Spreu und als Feuerfächer (Abb. 6).

Um das Feuer anzufachen, ist der Fächer schon in den Tagen des Altertums benutzt worden, und dieser Gebrauch hat sich bei manchen Naturvölkern erhalten bis zur Jetztzeit. So finden sich geflochtene Feuerfächer in Brasilien unter dem Gerät der schlichtesten

Naturmenschen, beispielsweise unter jenen der Ipurina am Amazonas und der bereits erwähnten Trumai im Schingu-Gebiet. Schon ihre Vorfahren benutzten den Feuerfächer, wie er denn auch unter den Altertümern Yucatans nachzuweisen ist. Die verwöhnte Europäerin oder Amerikanerin, die träumerisch am Kamin sitzt und mit dem schön verzierten Feuerfächer die ersterbende Glut neu zu entfachen sucht, denkt kaum daran, daß dieses Gerät eine vieltausendjährige Geschichte hat und in der fernen Wildnis genau so eifrig geschwungen wird, wie im eleganten Salon.

Sakraler Brauch spielt bei der Benutzung des Fächers als Feueranfachers nicht selten eine bestimmende Rolle. Überhaupt ist der Fächer, wie sich noch ergeben wird, mit den Kirchengebräuchen mancher Religionen eng verschwistert. Gewisse Naturvölker haben ihn zu ihren Kulthandlungen gleichfalls herangezogen. So findet man in Rangkasará auf Süd-Celebes den dreieckigen, stattlich mit Goldflitter und Behang herausgeputzten „Geisterfächer" (Abb. 7), unter dessen klarem, rotem Stoff sehr geheimnisvoll ein mäanderartiges Muster hervorschimmert, während am Stiel ein Stück Papier, wahrscheinlich eine Zauberformel enthaltend, festgebunden ist. Ebendaselbst benutzen die Bugi bei ihren Geburts-, Hochzeits- und Beschneidungsfesten einen runden Fächer, der einer Schießscheibe ähnelt, denn er ist aus konzentrisch angeordneten Ringen von Geflecht und von rotem und weißem Baumwollstoff zusammengesetzt und an der Griffstange mit roten und weißen Fäden umwickelt (Abb. 8). Schon aus diesen wenigen Beispielen läßt sich erkennen, wie der Fächer selbst unter den Kindern der Natur zuweilen über das profane Bedürfnis emporgehoben wird, um höheren Zwecken zu dienen.

Unter den gestielten Blattfächern sind noch jene zu erwähnen, deren Blatt nicht aus Flechtwerk, sondern aus Leder, behaarten Fellen, Zeug, Federn, Holz oder dem natürlichen Blatte verschiedener

Abb. 9. Weißer Lederfächer mit Kaurimuscheln aus Rio Grande do Sul.
Berlin, Museum für Völkerkunde. (Zu Seite 12.)

Palmen besteht. Mit bewundernswertem Geschick haben die Naturvölker auch diese
Stoffe zum Fächer verarbeitet. Bei den Negern in Rio Grande do Sul fächelt man sehr
elegant mit einem runden, kurzgestielten Fächer aus weißem Leder, dessen Rand sehr geschmackvoll mit weißen, schön glänzenden Kaurimuscheln dicht besetzt ist (Abb. 9). Ebensolche Fächer aus dunklem Leder sind in Togo keine Seltenheit. In Zentralafrika fächeln sich
die eitlen Schönen mit großen Fächern aus glattgespanntem Rinderfell, dem die Haare belassen
sind. Für denselben Zweck wird das schöne Fell der Antilopen verwendet, während der Lauf
der Tiere als Griff dient. In Benin, wo große Fächer aus Fell sehr modern sind (Abb. 10),
hat man in älterer Zeit sogar Fächer aus Metall getragen. Die Erztechnik, und zwar
das Gußverfahren in verlorener Form, stand im sechzehnten und siebzehnten Jahrhundert
unter den Leuten von Benin in hoher Blüte, ebenso wie die Elfenbeinschnitzerei. Sie verstanden, das Fächerblatt in der geringen Stärke eines Messerrückens zu gießen. Noch sonder-
barer ist ein rakettförmiger Fächer aus der Kirgisensteppe in Asien, der in einer festen
Umrahmung von gebogenem Holz ein Geflecht von Menschenhaaren zeigt. Breite, pfeil-
förmige Fächer aus zierlich durchbrochenem Holz finden sich in Samoa (Abb. 11). Und wo
schönes Material an Federn vorhanden ist, fehlen auch nicht die Federfächer und Wedel.

Ein solcher Federfächer besteht aus einer Reihe von Federn, die mit ihren Kielen
derart in das mehrfach durchlochte Querholz oder die flache Manschette einer Griffstange
eingesteckt sind, daß eine Blattform herauskommt. Hingegen sind die Wedel bündelartig.
Je vielfältiger die Farben, je leuchtender der Glanz der Farben, um so schöner wirken
solche Fächer und Wedel.

In der Verwendung von Federn zu Schmuck und Kleidung nehmen die alten
Kulturvölker Mittel- und Südamerikas den ersten Rang ein. Auch so mancher Indianer-
stamm weiß noch jetzt das prächtige Material trefflich zu verarbeiten. Die Karaya am
Araguayfluß mit ihrem malerischen Kopf-
putz und ihren sonderbaren Tanzhelmen aus
gelben, roten, grünen und mischfarbigen
Federn sind besonders hervorzuheben.
Unter den Araukanern in Chile gibt es
wahre Künstler in Federarbeiten und besonders in Federfächern, bei deren Zu-
richtung und Ausschmückung sogar die
Technik des Filigrans zur Anwendung gelangt (Abb. 12). Da Südamerika etwa
430 Arten Kolibris aufweist und das bevorzugte Land köstlich gefärbter Cotingiden,
langschwänziger Trogoniden und der Keil-
schwanzpapageien oder Aras ist, so sind
jene schlichten Künstler um schönes Material von herrlichster Farbenpracht nie in
Verlegenheit.

Die ausgezeichnete Textilindustrie der
alten Peruaner, von der uns Reiß, Stübel
und Bäßler eine Fülle der schönsten
Proben aus dem Totenfelde von Ancon
und aus anderen Grabstätten übermittelt
haben, verstand es vortrefflich, den Ge-
weben Federn derart einzuknüpfen, daß die
Oberfläche der Stoffe ganz oder teilweise
mit ihnen bedeckt wurde. Arbeiten dieser
Art, die uns in einer Frische der Farbenpracht vorliegen, als sei der Strom der
Jahrhunderte spurlos an ihnen vorüber-
gegangen, sind von einer Schönheit, daß

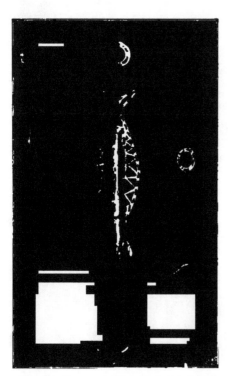

Abb. 10. Lederfächer (Fell mit Haaren) aus Benin.
Berlin, Museum für Völkerkunde. (Zu Seite 12.)

sie mit den Prachtgewändern in den großen Modebazaren
unserer Hauptstädte erfolgreich in Wettbewerb treten können.

Dieselbe Kunst des Einknüpfens von Federn in die
Gewebe übten die alten Mexikaner. Lange Mäntel wurden
hergestellt, um bei festlichen Gelegenheiten von den Großen
des Reiches getragen zu werden. Nicht genug konnten
die Spanier, als sie 1519 unter Cortez Mexiko eroberten,
die Genauigkeit, die reiche Musterung und die farbige
Wirkung dieser Arbeiten bewundern. Ein Volk, das
kulturell so hoch wie die alten Mexikaner stand, treffliche
Gold- und Silberarbeiten fertigte, im Schneiden und
Schleifen der Steine bestens erfahren war, in der musi-
vischen Technik Ausgezeichnetes leistete, überhaupt in den
meisten technischen Künsten bis zu hoher Stufe vorgeschritten
war, konnte auch den Fächer nicht ungeschmückt lassen.
In der Tat erfahren wir durch die „Cronica Mexicana",
die sich in den Archiven zu Mexiko befindet und den
Mexikaner Don Alvarado Tezozomoc, einen Zeitgenossen
des Cortez, zum Verfasser hat, daß auf die Ausschmückung
der Fächer und Wedel hoher Wert gelegt wurde. Als
Montezuma II. die Ankunft der Spanier erfuhr, ließ
er schleunigst Goldarbeiter und Steinschneider kommen,
um bei ihnen kostbare Geschenke für Cortez zu bestellen.
Es befanden sich unter den Kostbarkeiten zwei prächtige
Federfächer, die auf der einen Seite geziert waren mit
einem Monde und auf der anderen Seite mit einer Sonne
in blankpoliertem Golde. Das Blatt dieser Fächer wird

Abb. 11. Durchbrochener Holz-
fächer aus Samoa.
Berlin, Museum für Völkerkunde.
(Zu Seite 12.)

wahrscheinlich aus einer runden Scheibe bestanden haben, die ringsum mit Federn besteckt war.

Ein Beschenken von Gästen, die man ehren wollte, mit Fächern und Wedeln kost-
barer Art scheint schon früher vielfach geübt worden zu sein, denn in einem anderen
Kapitel erzählt Tezozomoc von einem prächtigen Wedel, in der Mitte geschmückt mit einer
Sonne von feinem Golde und einem Kranze von wertvollen Steinen, welchen der König
Netzahualcoyotl von Aculhuacan dem König Axayacatl, Nachfolger Montezumas I., als
Ehrengabe überreichte. Die strahlende Sonne ward mit Vorliebe zu dieser Fächerornamentik
verwendet, weil die Mexikaner neben den Regengöttern, welche Gedeihen und Fruchtbarkeit
spenden, auch die Gottheiten des Feuers und der brennenden Sonne, der Dürre und der
trockenen Jahreszeit verehrten. Die gewöhnlichen Fächer oder kleinen Wedel wurden vorzugsweise in der Stadt Tehuantepec hergestellt, aber die schönsten kamen von der Küste
von Cozcatlan her; sie waren aus den besten Federn der seltensten Vögel gefertigt. Manche
hatten noch einen Schmuck von leuchtendem Golde oder von funkelnden Edelsteinen erhalten.
Auch werden an anderer Stelle Fächer von bemaltem Holz erwähnt. Diesem literarischen
Zeugnis stellen sich solche zur Seite, welche die altmexikanischen Monumente im Museum
zu Mexiko und im Louvre bieten. Auf ihnen stellt sich der Federfächer meist in tousse-
artiger Form dar; er ist mit nicht zu langem, recht greifbarem Handgriff versehen, dem
sich eine dreifach profilierte Platte mit den sorglich geordneten Federn aufsetzt.

In Afrika scheinen sich die Naturvölker mit dem Federfächer nicht befreundet zu
haben, trotzdem in manchen Gegenden ein großer Reichtum an prächtigen Straußenfedern vorhanden ist. Am bemerkenswertesten sind die kleinen Fächer aus Pfauenfedern
in Marokko. Sie entsprechen in ihrer Form dem Drittel eines Halbkreises und sind auf
den beiden Seiten der über dem kurzen Stiel befindlichen flachen Lederhülse, in welcher
die Federn stecken, mit schönen farbigen Zieraten belegt oder bestickt. In Ozeanien und
Indonesien tritt der Federfächer sehr in den Hintergrund. Um so häufiger ist er in
Indien anzutreffen, wo für ihn besonders das farbenschillernde Gefieder der Pfauen benutzt
wird (Abb. 13), und ferner in China, das mit Vorliebe die Federn des Fasans verwendet.

Es wurde bereits angedeutet, daß die Benutzung des Blattes der Fächerpalme für den gestielten Blattfächer gegen jene des geflochtenen Fächerblattes erheblich zurücktritt. Die weitverbreitete Ansicht, als ob sich ein frisch abgebrochenes Blatt der Palme längere Zeit zum Fächeln verwenden lasse, ist überhaupt nicht zutreffend, denn zuvor ist ein Beschneiden und Trocknen des Blattes unumgänglich notwendig. Selbst die Fidjiinsulaner unterziehen das Palmblatt einer kunstgerechten Bearbeitung, bevor sie es zum Fächeln benutzen (Abb. 14). Nach sorgfältigem Trocknen beschneiden sie es derart, daß sein Radius noch etwa dreißig bis vierzig Zentimeter beträgt. Den völlig verholzten dicken Stiel kürzen sie bis auf eine Länge von zwanzig Zentimeter, um ihn dann soweit zu durchbohren, daß er der Hand festen Halt gewährt. Das Blatt selbst wird mittels seiner Bastfäden und eines schmalen, elastischen Holzreifens, der seine beiden Fußpunkte am Stiel findet, in schönem Bogen umsäumt. Nach der Fertigstellung sind diese Fächer die vollkommensten, die man sich denken kann, denn sie entsprechen in der Form und in dem graziösen Verlaufen der Nerven und Falten genau einer edelgezeichneten Palmette der griechischen Ornamentik.

Wenn die Palmette als eine freie Umbildung des Palmblattes bezeichnet wird, so könnte man ebensogut behaupten, daß sie ein Kopie des Fidjifächers sei.

Indien hat wieder eine andere Methode für die Verarbeitung des Blattes: man beläßt ihm, nachdem es gut getrocknet ist, den Stiel bis auf eine Länge von fünfzig oder sechzig Zentimeter und biegt es stark zur Seite nach unten. Um das Blatt in dieser Stellung zu erhalten, wird es mit dem Stiel durch einen Bastfaden fest verknüpft. Ein solcher Fächer nimmt sich aus wie eine Axt mit gebogener Schneide oder wie eine Hellebarde, deren Bart abgerundet ist. Auf eine hübsche Umrahmung von dünnen Ruten, die zuweilen noch durch eine zierlich geflochtene Bordüre verschönert wird, legt man hohen Wert. Das Blatt selbst erhält häufig farbigen Schmuck in Form aufgelegter Muster von Stoff oder passender Plattstichstickerei; Fächer aus den schönen, kräftigen Blättern der Palmyrapalme werden in dieser Weise fast ausnahmslos verziert. Auch in Deutschland sind diese Fächer, die vorzugsweise von Kalkutta exportiert und besonders gut in

Abb. 12. Federfächer mit Silberfiligran, gefertigt von einem Araukaner in Chile. Berlin, Museum für Völkerkunde. (Zu Seite 12.)

Allahabad gefertigt werden, als Dekorationsgegenstände beliebt geworden. In Siam wählt man für solche Fächer das Blatt der Talipotpalme. Ist der natürliche Stiel des Blattes zu schwach, so ersetzt man ihn durch einen solchen aus Bambus, der zuweilen mit einfacher Flachschnitzerei bedeckt wird. Vielfach tragen solchen Fächer die buddhistischen Mönche, um mit ihm nach strenger Ordensregel ihr Antlitz bei dem Herannahen von Frauen zu verdecken (Abb. 15). Da in der Palisprache, in welcher auch der heilige Kanon des südlichen Buddhismus geschrieben ist, der Fächer „tālapanam" heißt, so nannten die Portugiesen, als sie um die Wende des fünfzehnten Jahrhunderts in Indien eindrangen, die buddhistischen Religiosen wegen des Fächers „Talapoinen".

Die große Ähnlichkeit zwischen dem indischen Fächer mit seitlich gebogenem Palmblatt und dem Fahnenfächer springt in die Augen, und um so mehr, wenn dieser, wie in Tschittagong bei den Arakanesen, in Mandalay und an anderen Orten Indiens, statt der oblongen Fahne aus Strohgeflecht, Bast oder Zeug, eine runde, ovale oder palmettenförmige besitzt. Wem von beiden Fächern das höhere Alter gebührt, läßt sich nicht nachweisen. Möglich ist es, daß der Fahnenfächer der ältere ist. Jedenfalls scheint einer von ihnen schon in sehr früher Zeit für den anderen als Vorbild gedient zu haben. Als die Araber um 750 n. Chr. mit unwiderstehlicher Kraft Sindh eroberten, von hier aus ihren Einfluß immer mehr ausbreiteten und das ganze nördliche Indien dem Islam zuführten, waren jene Fächertypen schon seit Jahrtausenden vorhanden und sie haben sich gehalten bis auf unsere Tage. Den Arabern sagte der schmucke Fahnenfächer, bei dessen Schwingungen sich die Siesta so kühl und angenehm verbringen ließ, in ganz besonderem Maße zu; sie haben ihn bereitwilligst übernommen und, wie schon früher hervorgehoben, allmählich weiter

Abb. 13. **Kalkutta-Fächer aus Pfauenfedern.**
Berlin, Museum für Völkerkunde. (Zu Seite 13.)

nach Westen verbreitet, so daß er schließlich fern in Afrika an der Küste des Atlantischen Ozeans auftauchte und ein begehrter Luxusartikel unter den Negern wurde, die ihn nun schon längst mit ihrem schlichten, heimischen Material trefflich herzustellen wissen.

III.

In Indien.

Die Wanderung durch die Gebiete der Naturvölker ist zum Abschluß gelangt in Indien, dem klassischen Lande des Fächers und des Wedels; denn deren Vorkommen ist hier schon in vergangenen Jahrtausenden nachweisbar und ihr Gebrauch ist tief gewurzelt in den Gewohnheiten des Volkes.

Mögen wir die alten Miniaturen und Denkmäler oder die Bilder aus dem modernen Leben mustern, mögen wir die Kultformen des Buddhismus, des Brahmanismus und der von ihnen abgeleiteten Sekten oder das festliche Getriebe fröhlicher Gelage vorüberziehen lassen, mögen wir bei den Herrschern und Fürsten, den Vornehmen und Reichen vorsprechen oder die Damen dieser Herrschaften bei ihren Gesellschaften, im Garten, am kühlen Bassin oder im Hause belauschen — der Fächer wird niemals fehlen und ebensowenig der Wedel: Hitze und Fliegen zwingen zu ihrem Gebrauch und sie sind so notwendig wie irgendein anderes Wirtschaftsgerät. Es sind in den Räumen der Häuser, insbesondere in denen der Hotels und der öffentlichen Gebäude, sogar unter den Decken große Fächer, Holzrahmen mit eingespanntem Musselin, angebracht, die, senkrecht herabhängend, von der Dienerschaft in Bewegung gesetzt werden, damit ein wohltuender Luftstrom entstehe.

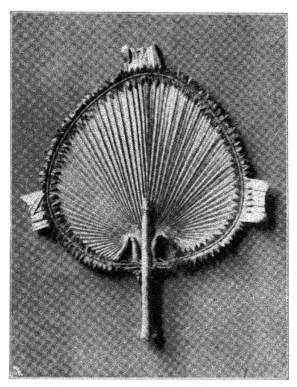

Abb. 14. Fächer aus dem getrockneten Blatte einer Palme
der Fidji-Inseln.
Berlin, Museum für Völkerkunde. (Zu Seite 14.)

Kein Speise- oder Tanzsaal, kein Lesesaal, kein Versammlungsraum und keine Kirche entbehrt dieser Pankhas. Sie sollen zuerst von englischen Offizieren, die 1791—1792 mit Lord Cornwallis im Feldzuge gegen Tippu Sahib fochten, zur Anwendung gebracht und nach dem Frieden von Seringapatam in den Residenzen zu Bombay und Madras in allgemeine Aufnahme gekommen sein; aber S. Blondel hat nachgewiesen, daß man, laut einer Stelle in Balzacs Schriften, in Frankreich schon zur Zeit Ludwigs XIV. solche Riesenfächer unter der Decke von Speisesälen, und zwar oberhalb der Speisetafeln, angebracht hat. Und hinzugefügt sei, daß sie auch den Spaniern schon längst bekannt waren und von diesen mit dem Worte „abano" bezeichnet wurden.

Mit der Herstellung von Fächern befaßt sich in Indien eine ausgedehnte Industrie. Sie bedenkt sowohl den Reichen wie den Armen mit passenden Exemplaren. Von Kalkutta und Bombay versendet sie einen großen Teil ihrer Produktion ins Ausland, auch nach Deutschland, vornehmlich aber nach Mittel- und Südamerika. Es ist größtenteils leichte, flott gearbeitete Ware, die nicht teuer ist, zumal die Arbeitskräfte in Indien infolge der außerordentlichen Bedürfnislosigkeit des gewöhnlichen Volkes ungemein billig sind. Der Hauptreiz dieser Fächer beruht in ihrer eigenartigen Form und in ihrem Farbenreichtum. Meist sind es traditionelle Muster, die schon seit Jahrhunderten beliebt sind. Pfauenfedern bilden für sie ein Hauptmaterial. Der gestielte, herzförmige Blattfächer, gewöhnlich aus Pappdeckel zurechtgeschnitten, zeigt in der Mitte eine runde Scheibe von silberweißem Stanniol mit flüchtig aufgemaltem Mondgesicht und ringsum einen breiten Fries von hübsch gemustertem rotem und grünem Plüsch oder Tuch, gelben Samenkernen und grün-goldig schimmernden Flügeldecken eines Goldkäfers, das Ganze umrahmt von frei nickenden, dicht aneinandergereihten Pfauenfedern. In ähnlicher Weise sind die palmettenartigen oder runden Blätter des Fahnenfächers gefertigt. Gewöhnlich ist die Fahne durch zwei Lederbänder derart mit dem rot lackierten, einfach profilierten Rundstabe verbunden, daß sie drehbar ist. Für einen halben Schilling sind in Lucknow, Bombay, Agra, Kalkutta und anderen verkehrsreichen Städten recht stattliche Exemplare solcher Fächer zu erstehen. Bei anderen Fahnenfächern ist in sehr findiger Weise als Material die stark faserige, mattgelbe Wurzel des Gelbwurzes, der Curcuma, zur Verwendung gelangt. Die Fasern haften so gut zusammen, daß sich aus ihnen das Fächerblatt, meist eine runde Scheibe, bequem herstellen läßt; auch zu Vordüren und kleinen Einlagen bei anderen Fächern sind sie bestens zu gebrauchen. Neben allen diesen Fächern wird noch eine Menge elegant geflochtener

Stroh-, Bambus- und Bastfächer auf den Markt gebracht. Die elegantesten unter ihnen, insbesondere die kleinen oblongen Blattfächer, die an den Ecken abgestumpft sind, und die hellebardenartigen Fahnenfächer mit schwarzer Musterung und fein lackierten kurzen Griffen, stammen aus Bengalen. Daß auch diese Fächer in ihrer Form auf alte Überlieferung zurückgreifen, geht daraus hervor, daß sie, wie sich aus Bildnissen ersehen läßt, von europäischen Fürstinnen und Prinzessinnen schon im Laufe des siebzehnten Jahrhunderts getragen wurden.

Eine ungefähre Zeitbestimmung für das erste Erscheinen des Fächers und des Wedels im Wunderlande Indien zu geben, ist unmöglich. Die indische Phantasie schweift ins Ungemessene. Sie entspricht der ungezügelten Vorliebe des Volkes für dichterische Anschauungen und Formen und rückt alles in eine Märchenstimmung, aus der sich wirkliche Tatsachen nur schwer und nur unter höchster Vorsicht herausschälen lassen. Millionen Jahre spielen keine Rolle. Die Verehrung heiliger Personen, Bücher und Gebräuche drückt sich eben aus in gewaltigen chronologischen Übertreibungen.

Auch den beiden viel bewunderten Epen Mahabharata und Ramajana wird ein ungeheuerliches Alter zugeschrieben, während die nüchterne Kritik ihre Entstehung in das erste Jahrtausend vor Christi Geburt verlegt. Da im Mahabharata das Urzeitlich-Heroische, im Ramajana das Dogmatisch-Hierarchische überwiegt, so wird dieses, zumal dessen Enge buddhistischen Ursprungs zu sein scheint, für jünger, jenes für älter gehalten.

Im Mahabharata, dessen Dichter Vjasa sein soll, wird mit einer gewaltigen Fülle von Episoden der Untergang des Heldengeschlechtes der Kurowas unter den vernichtenden Schlägen ihrer Gegner, der Pandavas, geschildert. Das Ramajana, angeblich von Valmiki gedichtet, ist seiner Idee nach eine Feier unvergänglicher sittlicher Macht gegenüber der Nichtigkeit roher physischer Kräfte. Nur kurz sei sein Inhalt angedeutet. Rawana, der Riesenkönig von Ceylon, hat Sita, die Gattin des Prinzen Rama, geraubt. Erst nach langen Mühen gelingt es Rama unter Beihilfe Indras, des Gottes der Luft und der guten Genien, und des Affenfürsten Hanuman, die geraubte Sita wiederzufinden. Nachdem der Affenfürst für Rama und sein Heer eine Brücke nach Ceylon geschlagen und seine Völker, Affen und Bären, zu Hilfe gesandt hat, wird Rawana getötet, die Hauptstadt von Ceylon verbrannt und Sita befreit. Mit seinem edlen Bruder Bharata und mit seiner geliebten Sita, die als Beweis ihrer Keuschheit die Feuerprobe glänzend bestanden hatte, war es Rama vergönnt, noch viele Jahre in Glanz und Herrlichkeit in Nandrigama zu herrschen und das goldene Zeitalter für sein Volk herbeizuführen. Im Ramajana selber heißt es:

„So lange die Gebirge stehn und Flüsse auf
der Erde sind,
So lange wird im Menschenmund fortleben
das Ramajana.“

Ohne Zweifel haben schon Sita, Damajanti, Savitri und die übrigen Frauengestalten dieser Epik den Fächer mit Grazie geführt oder sich mit ihm durch Dienerinnen Kühlung zufächeln lassen. Auch den Herrschern und ihren edlen Genossen ist er unentbehrlich gewesen. Das Ruhebett, auf dem sich König Pandu zum Schlummer niederlegte, war, wie im Mahabharata erzählt wird, unter einem Schirm aufgeschlagen und mit einem Fächer und einem

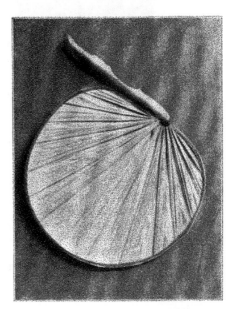

Abb. 15. Mönchsfächer aus Siam.
Berlin, Museum für Völkerkunde. (Zu Seite 14.)

Wedel ausgestattet, die alsbald in Schwingungen versetzt wurden. Und die schöne Tochter des Königs Nila hütete mit eifrigem Fächeln das heilige Feuer, damit das Glück ihres Vaters nicht erlösche; aber obwohl sie unaufhörlich mit dem Fächer die Glut antrieb, wollte das heilige Feuer nicht brennen, denn es war zu der anmutigen Fächerin in Liebe entbrannt und flammte listig nur dann auf, wenn sie es mit dem Hauche ihrer Lippen berührte. Hier ist die erste Kunde von dem Feuerfächer gegeben, in Verbindung mit einer der reizvollsten Sagen, welche im Mahabharata enthalten sind.

Auch in dem Schauspiel Mritschhakatika, wörtlich „Das irdene Kinderwägelchen", einem Sanskritdrama, in dessen Prolog der in der ersten Hälfte des zweiten Jahrhunderts

Abb. 16. Wedel der Jainas.
Berlin, Museum für Völkerkunde. (Zu Seite 23.)

n. Chr. lebende König Sudraka als Verfasser genannt ist, geschieht des Fächers wiederholt Erwähnung. Der merkwürdige Titel des Schauspiels rührt daher, daß die Heldin der Dichtung, die schöne Hetäre Vasantasena, dem Söhnchen des geliebten armen, aber rechtschaffenen Brahmanen Tscharudatta ein Kinderwägelchen schenkt. Ihre hingebende, alle Proben bestehende Liebe wird für Vasantasena zu einer Reinigung, die sie würdig macht, die zweite Gattin des edlen Brahmanen zu werden.

Im Verlaufe der Handlung betritt ein Flüchtling schutzsuchend das Haus der Vasantasena. Er preist einen ausgezeichneten Mann, der ihm bisher stets geholfen habe, nun aber selbst verarmt sei, und Vasantasena erkennt aus der Schilderung, daß der Gepriesene ihr geliebter Tscharudatta ist. Voll Freude springt sie von ihrem Sitze auf und spricht:

„Ehrenwerter,
Betrachte dieses Haus, als wär's das deine."

Abb. 17. Umzug eines indischen Fürsten. Berlin, Museum für Völkerkunde. (Zu Seite 24.)

Und ihrer Dienerin Madanika befiehlt sie:

> „So gib ihm einen Stuhl und nimm den Fächer,
> Den Ehrenwerten quält die Müdigkeit."

Man liebte es, sich in den Schlaf fächeln zu lassen, und diese Sitte ist noch bis heute in Indien bestehen geblieben.

An einer anderen Stelle betrachtet Vasantasena das Bild ihres Geliebten, und nachdem sie sich an den Zügen geweidet hat, dichtet sie:

> „Madanika, so trage dieses Bild
> Nach meinem Bett und kehre rasch zurück
> Mit meinem Fächer."

Während eines tobenden Gewitters will sie den Geliebten besuchen. Ihr wird abgeraten, denn zu gewaltig sei das Unwetter —

> „Die Pfauen fliegen plötzlich wild empor
> Beim Wolkenlärm; von ihnen wird die Luft
> Geschlagen wie mit Fächern aus Juwelen."

Aber Vasantasena macht sich voll Sehnsucht auf den Weg. Ihre Dienerin begleitet sie mit Schirm und Fächer. Und als der Donner immer furchtbarer grollt, ruft die Hetäre die schönen Worte in den Sturm:

> „Ha, Indra, donn're nur und regne nur
> Und schleudre hundertfältig nur den Blitz:
> Nicht läßt sich dadurch hindern eine Frau,
> Die auf dem Wege zum Geliebten ist."

Nicht nur mit Bezug auf den Fächer, sondern auch auf die damalige Kunsttechnik Indiens bietet Sudrakas Schauspiel eine Fülle des Bemerkenswerten. Mag die Schilderung auch nicht frei von Übertreibungen sein, so bleibt doch noch genug übrig, um die hohe Leistungsfähigkeit der Goldschmiede, Juweliere und Steinschneider zu erkennen.

Von dem sechsten Hofe der glänzenden Behausung Vasantasenas wird nach Ludwig Fritzes Verdeutschung folgende Schilderung gegeben:

> „Hier auf dem sechsten Hofe nimmt man Gold
> In Arbeit und Juwelen. Diese Bögen
> Des Tores, mit Saphiren eingefaßt,
> Sind wie die Regenbogen anzuschau'n.
> Die Juweliere prüfen und vergleichen
> Die Edelsteine: Chalcedon, Beryll,
> Topas, Saphir, Rubin, Smaragd, Korallen
> Und Perlen und noch manch andern Stein.
>
> Rubine werden hier in Gold gefaßt:
> Man fertigt goldnen Schmuck, zur Perlenschnur
> Vereint man Perlen mittels roter Fäden;
> Man glättet hier Berylle kunstgerecht;
> Man spaltet Muscheln, schleift am Stein Korallen;
> Man breitet feuchten Saffran aus zum Trocknen,
> Macht Moschus flüssig, reibt den Sandelsaft,
> Verbindet Wohlgeruch mit Wohlgeruch."

Fürwahr, ein berückendes Bild gesteigerten Könnens und höchster Pracht, das aber kaum wundernehmen kann, denn mit dem Einsetzen des Buddhismus im sechsten Jahrhundert v. Chr. wurde dem abgestandenen Kulturleben Indiens neues, frisches Blut zugeführt, das sich nicht allein in der Literatur, sondern auch in dem Kunstleben bemerkbar machte. Wurde auch der Buddhismus durch die feindlich gesinnte orthodox-brahmanische Kirche allmählich aus Vorderindien verdrängt, so hatte der Kampf doch immer das Gute, daß er größere Tatkraft gebar, aus der Literatur und Kunst ihre Vorteile zogen.

Luxus ist die Begleiterin einer jeden höheren Kultur. Und daß der Luxus hoch entwickelt war, geht auch aus vielen anderen Dichtungen hervor. Aus den reichen Literaturschätzen seien nur Kalidasas „Ritusanhara" und Bhartriharis „Drei Centurien" hervorgehoben. Goldene Ohrgehänge, goldene Armspangen, Perlenschnüre, goldene Knöchelreifen mit klingenden Glöckchen, rote Tücher mit langen Fransen, duftige Seide — in solchem Schmuck wirbeln die graziösen Schönen an uns vorüber. Im Ritusanhara heißt es bei der Schilderung des Frühlings nach der Übersetzung Albert Hoefers:

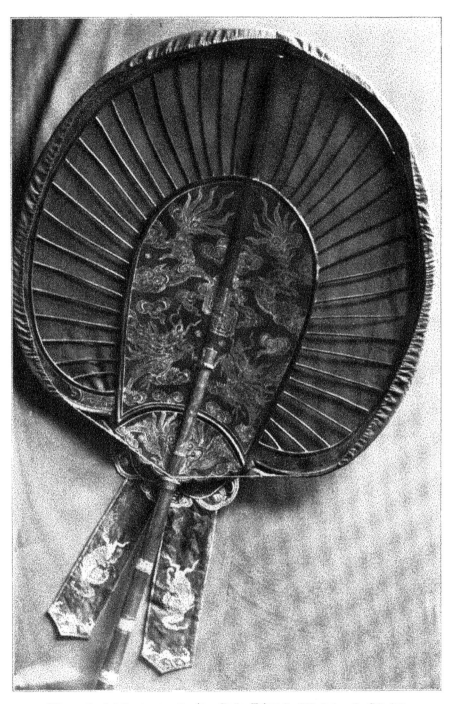

Abb. 18. Großes Panier von Tonkin. Berlin, Museum für Völkerkunde. (Zu Seite 24.)

„In dem Munde Betelbüfte,
Um den Bufen Perl und Schleier,
Goldne Gürtel um die Hüfte,
Gehn die Schönen nun zur Liebesfeier,

Legen um die vollen Glieder
Tändelnd nun ein Seidenkleidchen bunt,
Und ein krokusfarben Mieder
Um des Bufens üppig Rund.“

Und an anderer Stelle, vo die Jahreszeiten gefeiert verden, phantafiert der Dichter:

„Von des fandelfalbenreichen
Fächers leifem, leifem Fächeln,
Von den Perlenreihen, velche
Hold das Bufenrund umlächeln,

Von der Laute füßen Klängen
Und Gefängen tief erschüttert,
Wird der gleichfam eingeschlafne
Gott der Liebe aufgerüttelt.“

In folcher Umgebung von Pracht, Anmut und Lebensgenuß hat der Fächer als Schmuckftück keine untergeordnete Rolle gefpielt: mancher wird einen goldfchimmernden, juvelenbefetzten Griff, vie überhaupt eine koftbare Ausftattung befeffen haben. Mit kurzem goldenem Griff zeigen ihn auch die meiften alten Miniaturen, mögen fie nun den Gott Indra darftellen, vie er in der Mitte feines Gartens fitzt und gefächelt wird, oder die Götter Schiwa und Wifchnu oder einen Herrfcher. Und aus der Manschette des Griffes wächft ftets ein flachgelegtes Bündel Pfauenfedern hervor, das fich nach oben hin faft zu einem Achtelkreife verbreitert und zuweilen leicht gekrümmt ift.

Pfauenfedern find fchon in älteſter Zeit für folche Fächer beliebt gewefen. Sie varen um fo leichter zu erlangen, als die Pfauen in Oftindien und Ceylon heimifch find: in den Wäldern und Rohrdichten, den Dfchungeln Oftindiens, leben fie als Gefellfchaftstiere. In den Höfen der Hindutempel fchreiten gravitätifch Pfauen umher, die hier von den Prieftern gehegt und gepflegt verden, denn der Pfau ift ein Vogel, velcher der Gottheit nahe fteht. Darum auch die häufigen Hinweife auf ihn in den Werken der alten Dichter.

Meift wird der Gott oder der Thakur, Begam, Radfcha und Maharadfcha ja vt den Damen nicht nur befächelt, fondern auch mit einem befonderen Wedel gegen die andrängenden Fliegen gefchützt. Als Material zum Wedel dienen vornehmlich die feingefpliffenen Federrippen der Pfauen oder die prächtige Quaſte, in velcher der Schwanz des indifchen Yak (Poëphagus grunniens) endet. Das Spleißen der langen Pfauenfedern gefchieht mit einer folchen Feinheit, daß man die dünnen Halme für veißes Roßhaar halten könnte. Leider haben fie den Nachteil fehr brüchig zu fein. Das

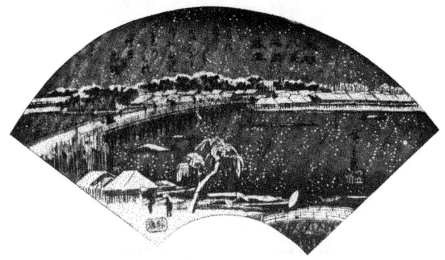

Abb. 19. Japanifcher Fächer mit Brücke über den Todagawa.
Farbenholzfchnitt von Hirofhige. (Zu Seite 28.)

Abb. 20. Chinesischer Elfenbeinfächer mit Gittergrund.
Berlin, Museum für Völkerkunde. (Zu Seite 36.)

andere Material ist besser. Der Yak oder Grunzochs, der sich vorzugsweise in den Hochgebirgen Zentralasiens aufhält, ist an den Seiten, am Bauch und an den Füßen mit mähnenartig herabhängendem, sehr reichem Haar von schwarzer Farbe bedeckt; nur sein Schweif mit der prächtigen Quaste ist weiß. Das Haar dieser Quaste ist von großer Feinheit und Dichtigkeit und glänzt wie Seide. Von jeher ist der Schweif des Yak als wertvoll betrachtet und zum Wedel, dem „tschauri", benutzt worden. Schon die Vasallenstaaten in der Bucharei sandten in alter Zeit Schweife des Grunzochsen zusammen mit gediegenem Golde und rotem Steinsalz als Tribut an den Kaiser von China. Lange Zeit hat die Schweifquaste des Yak als Material für die „Roßschweife" der türkischen Paschas gedient. Als Wedel erhält er einen kostbaren Handgriff in Elfenbein oder Gold. Schöne Exemplare dieser Art besitzt das Königliche Museum für Völkerkunde in Berlin. Es befinden sich unter ihnen auch solche der Jainas, indischer Sektierer, die früher nackt gingen und in deren Satzungen das Töten von Tieren streng verboten ist (Abb. 16). Jedesmal, bevor sie sich niedersetzen, reinigen sie den Sitz vorsichtig mit dem Wedel, um nur nicht ein kleines Lebewesen zu verletzen oder gar zu vernichten. Der Wedel der Doria besteht für diesen Zweck aus der Schwanzquaste des Yak, jener der Moriä aus Pfauenfedern und der von den Godria benutzte aus weißer Baumwolle. Daß der Wedel auch weit über Indien hinaus verbreitet ist, läßt sich aus den Sammlungen des Museums zur Genüge ersehen. Mit dunklem Haar kommt er in Yarkand, mit schwarzem Haar und mit Bastfasern bei den verschiedenen Naturvölkern Afrikas und mit weißem Haar nebst hübsch gearbeitetem Griff, der sogar Schmuck von Zinnen und weißen Glasperlen aufweist, bei den Patagoniern in Südamerika vor.

In vielen Sloken des Mahabharata und Ramajana ist von dem Wedel die Rede. Dem König Yuddhithira wurden als Tributgaben Wedel dargebracht, von denen einige „schwarz, andere weiß wie der glänzende Mond" waren. Bei der Krönung des Karna umgeben den siegreichen Monarchen die königlichen Embleme: Schirm, Fächer und Wedel. Im Ramajana tritt Lakshmana hinter Indra, um ihm den süßen Dienst des Fächelns und Wedelns zu erweisen. Auch Sita leistet diesen Liebesdienst ihrem Gatten Rama, ebenso wie ihn Lakmi, eine Lotosblume in der einen Hand, dem großen Wischnu gewährt.

Auch die Monumente in Stein bieten Beispiele für Wedel und Fächer. Die riesigen Tempel von Ellora (bei Massalipatam an der Koromandelküste), von Salsette und Elefante (bei Bombay) geben für diesen Gegenstand reiche Ausbeute. Eins der schönsten Beispiele bietet ein Relief in Elefante: hinter Brahma und Indra steht ein heiliger Diener, der sogar z w e i Wedel schwingt.

Die Maler, deren Schöpfungen erheblich jünger sind als die altehrwürdigen Denkmäler der Architektur, Skulptur und Literatur, haben Wedel und Fächer gleichfalls nicht vergessen. Sitzt Buddha in meditierender Haltung da, so wird er bewedelt und befächelt. Eifrig schwingen die Tempelmädchen über den Fußstapfen Buddhas Fächer und Wedel, damit selbst die Spuren des Gottes nicht von der Hitze und den Fliegen belästigt werden. Im „Himmel der dreiunddreißig Götter", einem großen Bilde der südlichen Schule des Buddhismus, sitzt Indra, als König der Götter, auf dem Thron, während zu seinen beiden Seiten je ein Wedelschwinger steht, der kein Geringerer als ein Gott ist. Auf einem anderen Bilde, das Rama und Sita, beide auf dem Thron und unter einem Schirm sitzend, nebst den Brüdern des Königs darstellt, versieht den Dienst des Wedelns Bharata, der Bruder Ramas. Und wie im Himmel, so auf Erden: wo auch nur ein Herrscher erscheint, immer sind der Fächerträger und der Wedelschwinger in seiner Nähe — sie begleiten ihn, wenn er hoch zu Roß oder auf dem Elefanten sitzt, wenn er auf Jagd zieht, wenn er in den Kampf eilt, wenn er Audienz erteilt oder sich zur Ruhe begibt. Geduldig traben Wedel- und Fächerschwinger im glühenden Sonnenbrande neben dem Pferde des Gebieters her, um ihrer Pflicht zu genügen, und ehrfurchtsvoll hocken sie auf dem breiten Rücken des gewaltigen Dickhäuters hinter dem Herrn, um mit ihrer schwingenden Kunst sein Wohlgefallen zu erregen (Abb. 17). Damit aber nicht das geringste Stäubchen die Atmosphäre in der Umgebung des Herrschers verunreinige und der Luftstrom ein recht lebendiger sei, schreiten zur Seite des Elefanten noch etliche Diener, die an langen Bambusstangen fahnenartig befestigte runde Scheiben, mit der strahlenden goldenen Sonne auf grünem Grunde und einer dichten Umrahmung von Pfauenfedern, tragen und diese riesigen Fahnenfächer langsam über dem Haupte des mächtigen Mannes hin- und herwiegen.

Solche Riesenfächer erscheinen auch in stattlicher Anzahl und höchster Pracht in der Umgebung der Götter und Heiligen. Manche von ihnen besitzen die Form einer breiten Schaufel, einer runden Scheibe oder eines herzförmigen Blattes, dem unten eine Rosette und oben noch eine besondere Spitze aufgesetzt ist, so daß eine sehr originelle Silhouette entsteht. Immer sind sie reich geschmückt mit farbenschöner Malerei, die oft an die poikilochrome Lackmalerei auf den kleinen Holzfächern von Kaschmir erinnert. Sie sind zu einem Panier und zu einem Hoheitszeichen geworden, das die Gewalt über Leben und Tod kündet und zugleich von der erhabenen Reinheit der Götter und Herrscher redet. So stehen sie als gebietende heilige Zeichen auch zu beiden Seiten des Thronsitzes. Mehr als drei Meter hoch sind jene, welche unter dem Namen „Quat va" für den König und für die Götterbilder in Tonkin bestimmt sind (Abb. 18). Die Gestalt des eigentlichen Blattes, dessen Durchmesser etwa einen Meter beträgt, ist fast hufeisenförmig und konkav. Eigentlich ist ein solcher Riesenfächer nichts weiter als ein senkrecht umgekippter Schirm — ein europäischer Sonnenknicker vormärzlicher Zeit im großen Maßstabe. Sein innerster Teil wird aus einer rot lackierten Scheibe gebildet, die mit zwei wolkenumwogten Drachen in Gold bemalt ist. Der Scheibe entwachsen radial gestellte Eisenstäbe, die mit roter Seide bespannt sind und in einen reich verzierten Kranz münden. Unterhalb des mächtigen Blattes sind an der Ansatzstelle der rot lackierten Stange eine vergoldete Metallrosette und eine breite rotseidene Bandschleife mit lang herabwallenden Enden angebracht. Die Gesamtwirkung des eigenartigen Gerätes, das als Fächer vortrefflich für das Riesenfräulein von Niedeck gepaßt hätte, ist überaus prunkvoll. Man begreift, daß der Inder angesichts solcher kostspieligen Prachtfächer von der heiligsten Ehrfurcht für seine Götter und Heroen erfüllt wird.

Abb. 21. Fächer aus Japan und China. Berlin, Museum für Völkerkunde. (Zu Seite 36 u. 40.)

V.
In Ostasien.

Die größten Fächerliebhaber sind die Chinesen und die Japaner: sie und der Fächer sind unzertrennlich und ihre Vereinigung ist für den Ostasiaten charakteristisch. Mag jemand hoch oder niedrig gestellt sein, mag er jung oder alt, reich oder arm, männlich oder weiblich sein, der Fächer ist sein treuer Begleiter. Fächer werden den neugeborenen Kindern als Geschenke der Eltern und Paten in die Wiege gelegt. Der Bauer auf dem Lande, der Kuli in der Stadt, der Schiffer auf der Dschunke, der Schulmeister in der Schule, der Soldat auf dem Marsche, der Mandarin im Amtszimmer, die Hofdame im Salon, die Hausfrau in ihrem kleinen, zierlichen Hausgärtchen, die Schönheitspriesterinnen in den Holzkäfigen der japanischen Joroyas, sie alle tragen den Fächer. Wenn der kleine Chinesenjunge aus seiner ersten Fibel, dem sogenannten San-tz-king, die darin enthaltenen 1068 Worte und Schriftzeichen lernt, und wenn der Jüngling in den Schriften des Confucius und Mencius „ochst", um sattelfest ins erste Examen zu steigen, dann kühlen sie die heiße Denkerstirn mit einigen Fächerschlägen. Der würdige Verwalter des Hieu, eines Kreises, hat Recht gesprochen und den Übeltätern einige hundert Bambusstreiche als Sühne und zur Besserung feierlich zugesprochen, — der japanische Kuti ist mit seinem Kollegen vor dem zweirädrigen Jinrikisha wie ein Droschkenpferd mehrere Kilometer weit getrabt, daß ihm die Flanken fliegen, — die frommen Pilger, die zum Fuji-no-yama, Japans 3780 Meter hohem Berge, der Wohnung der Frühlingsgöttin Ko-no-hama-saku-hiwe, pilgern und meilenweit über Land gezogen sind, sie alle greifen zum Lohn für ihre Ausdauer zum Fächer und suchen durch ihn Erquickung.

„Tsching Jung schan!" ruft der chinesische Hausherr, ein großer Tee-Gourmand, mit freundlicher Verbindlichkeit den Gästen zu, nachdem sie aus winzigen Täßchen eine dicke, braune Flüssigkeit von bitterem, herbem, fast berauschend aromatischem Geschmack getrunken haben. Und nachdem er diese Worte, welche bedeuten: „Bitte, bedienen Sie

Abb. 22. Gruppe aus dem Festzuge des Pharao.
Wandgemälde in der ägyptischen Abteilung der Kgl. Museen zu Berlin. (Zu Seite 44.)

sich Ihrer Fächer!" gesprochen hat, klappt er seinen großen
Faltfächer auf, faßt ihn mit beiden Händen und weht
sich Kühlung zu, während die Gäste, welche als Leute
von seiner Erziehung und gutem Ton ihre Fächer mit-
gebracht haben, der liebenswürdigen Einladung folgen
und gleichfalls fächeln.

Tee, Fächer und Reis bilden überhaupt den Grund-
akkord des chinesischen und japanischen Daseins, sofern
es als menschenwürdig gelten soll. In Tee und Sake
von Reis schwelgen die Herrschaften, wie wir in Kaffee,
Bier und Wein. Das höchste Können im Teetrinken
entwickeln die geschäftsmäßigen Teeschmecker auf Formosa,
denen als Sachverständigen für die europäischen Kaufleute
die Prüfung der anzukaufenden Teesorten obliegt. Aus
Hunderten von Proben, die ihnen in ebensovielen kleinen
Tassen vorgesetzt werden, suchen die feinzüngigen Schmecker
diejenigen Sorten heraus, von denen sie vermuten, daß
sie ihren europäischen Auftraggebern und deren Kunden
am besten behagen werden. Würdevoll schwingen sie bei
ihrem nervenerregenden Tun ihren Fächer.

Und nun erst die jungen japanischen Dämchen!
Sie betrachten das Zubereiten und das Kredenzen des
Tees als eine hohe Kunst, die das gründlichste Studium
und ein außerordentliches Maß von Talent erfordert.
Die Cha-noyas, die feierlichen Teegesellschaften, spielen
in der großen Welt eine Rolle und geben den vornehmen Damen Gelegenheit, sich in dem vollen Glanze
ihrer gesellschaftlichen Tugenden zu zeigen. Unter Zagen
und Bangen und erst nach langem Unterrichtnehmen

Abb. 23. Holzgriff eines ägyp-
tischen Fächers aus dem neuen
Reich.
Berlin, Kgl. Museen. (Zu Seite 46.)

legt die junge Maid bei der
ersten großen Teevisite, die sie gibt, ihre Probe ab. Ihre Hand zittert vor Erregung, wenn sie angesichts der versammelten Gäste das Teepulver — denn nur solches
wird bei den Cha-noyas benutzt — aus der lackierten Büchse hervorholt. Jede Bewegung,
jede Miene ist vorgeschrieben von einem alten Zeremonial, das befolgt werden muß.
Selbst die Haltung der Fingerspitzen muß bei dem Aufnehmen und Hinstellen der Geräte
graziös und unter Wahrung der Tradition geschehen. Den Höhepunkt der wichtigen
Handlung bildet der Moment, da der in die Schale des Gastes aufgegossene Tee mit
einem Pinsel aus feinen Bambussplinten bis zum Schäumen umgerührt wird. Sogar
das Trinken ist bei solchen Gelegenheiten von dem im gewöhnlichen Leben üblichen
verschieden, denn die Schale, die nur bis zu einem Viertel gefüllt ist, wird zierlich
mit beiden Händen gefaßt, langsam und feierlich zum Munde geführt und in drei Zügen,
jedesmal unter Ansetzen an einer anderen Stelle, geleert. Die ganze, nach alter Weise
begangene Zeremonie, denn als solche ist die große Teevisite zu bezeichnen, läuft auf
eine Vorstellung in Anmut und Grazie hinaus.

Aufatmend greift die junge Dame nach glücklicher Erledigung der heiligen Pflicht
zu ihrem Fächer, um ihrer nervösen Erregung Luft zu machen. Überhaupt ist der
Fächer, der geliebte „ogi", in allen Lebenslagen ihr Vertrauter: ihre Lust und ihr Leid,
ihre Sehnsucht und ihren Jubel, ihr Hoffen und Bangen strömt sie in den Fächer aus.
Oh, sie besitzen ein warmes, tiefes Gefühl, diese kleinen, zierlichen Geschöpfe, die wie bunte
Falter in ihren mildfarbigen, vom goldbrokatenen Obi zusammengehaltenen Kleidchen mit
den weiten, flatternden Ärmeln und dem Fächer dahingaukeln. Man höre nur die
schmerzliche Klage einer Verlassenen um ihren treulosen Don Juan:

„Ach, mehr als du hat wohl Bestand   Mehr Treue als bei dir ich sah —
Der Wind, der übers Heideland   Und dennoch war ich nie vermessen,
Von Ina weht und Arima!   Zu dir die Liebe zu vergessen."

Abb. 24. Babylonisches Relief, sogenannte „Gartenszene".
Aufnahme von B. A. Mansell & Co. in London. (Zu Seite 60.)

Sicherlich, überaus stimmungsvolle Verse, welche jenen europäischer Lyriker nichts nachgeben.

Ebenso stimmungsvoll berühren in den meisten Fällen die Farbendichtungen, mit denen die Fächer geschmückt sind. Duftige Wolken, aus denen der Glutball der Sonne auftaucht, eilig dahinziehende Vögel, glückbringende Kraniche, sagenumwobene Fohovögel, Blüten des Kirschbaumes, Pflaumenblüten, Chrysanthemum, Bambusgezweig, Schwertlilien, blühende Irisstauden, der Unenojce in Tokyo zur Zeit der Lotusblüte, der Fnji mit seiner Schneekappe und andere Vorwürfe werden auf die Fächer hingezaubert (Abb. 19). Wer hätte sich an diesen reizvollen Schöpfungen noch nicht erbaut! Zwar werden sie schon seit Jahrzehnten Europa zugeführt, aber der sonst so wandelbare Geschmack des Abendländers ist ihrer noch immer nicht müde geworden.

Nach der Mitteilung des Lon-ki, eines Dichters aus der Zeit der Dynastie Sin, ist der Erfinder der Fächer in Chitta der Kaiser Wu-vang, der Gründer der Tschen-Dynastie, der um 1134 v. Chr. gelebt hat. Allerdings ist auf solche Mitteilungen wenig zu geben, da gerade der Chinese das Bestreben hat, irgendwelche Erfindungen, die für die Entwicklung seiner Kultur von Bedeutung sind, hoch im Alter hinaufzuschrauben und an den Namen einer bestimmten Person zu knüpfen. Wo die kritische Forschung einsetzt, hat sich oft das hohe Alter dieser Erfindungen stark vermindert, erinnert sei nur an jene des Porzellans, die in eine geradezu sagenhafte Zeit verlegt wurde und schließlich mit ziemlicher Gewißheit als eine solche aus dem Beginn des siebenten Jahrhunderts n. Chr. bestimmt wurde.

Aber bei dem Fächer liegt die Sache anders: die Notwendigkeit, sich gegen die Menge der Fliegen, gegen die drückende Schwüle und üblen Dünste in den kleinen Wohnungen und gegen die Hitze während der warmen Jahreszeit zu schützen, mußte frühzeitig auf ein passendes Gerät zur Abwehr dieser Unzuträglichkeiten führen.

Die ersten Fächer soll man aus Bambusblättern und Federn gefertigt haben. Im elften Jahrhundert v. Chr. liefert der Annalen-Verfasser der Dynastie Tschen im 27. Buche seines Werkes eine Beschreibung von fünf großen Wagen, die der Kaiserin zur Benutzung dienten. Sie waren reich mit Federn des Fasans geschmückt. Leider bleibt die Schilderung ziemlich dunkel, trotz der Zusätze eines Kommentators aus erheblich jüngerer Zeit. Nur von dem fünften Wagen wird klipp und klar gesagt: „Er trägt einen Fächer und einen Baldachin von Federn", und der Kommentator fügt hinzu: „Der Fächer schützt vor Wind und Staub, der leichte Baldachin vor der Sonne." Ebenderselbe Annalist redet im siebenten Buche seines Werkes von den Konkubinen des Kaisers: „Sie müssen beim Begräbnis der Kaiserin Fächer um den Sarg der Entschlafenen tragen." Dies wird bestätigt durch die Vorschrift im Li Ki, dem großen Buche der Riten, in welchem in dem Kapitel, das von den verschiedenen Geräten handelt, ausdrücklich vorgeschrieben ist, daß beim Begräbnis des Kaisers oder der Kaiserin, sobald sich der Trauerzug in Bewegung setzt, acht Fächer, je vier Fächer zu beiden Seiten des Leichenwagens, von ebenso vielen kaiserlichen Konkubinen zu tragen sind. Noch jetzt gelangen solche Fächer, eigentlich langgestielte, oblonge Paniere mit kurzen Inschriften, bei Leichenbegängnissen und großen Aufzügen vornehmer Personen zur Verwendung.

In solchen Aufzügen leisten die Söhne der Mitte Außerordentliches. Die Etikette schreibt jedem Mandarin unumstößlich vor, wie er öffentlich zu erscheinen hat, je nachdem er einer Rangklasse angehört. Die Beamten der Provinz zerfallen in nicht weniger als neun Rangklassen, alle unterschieden durch Knöpfe, von denen der einfach-rote die erste, der rote geränderte die zweite, der blaue durchsichtige die dritte, der blaue undurchsichtige die vierte, der kristallene die fünfte, der weiße die sechste, der einfach-goldene die siebente, der in Gold geränderte die achte und der in Gold mit Blumen die neunte Rangklasse bezeichnet. Zieht der Mandarin durch die Straßen der Stadt, so sitzt er meist in einem Tragstuhl, der bis zum dritten Grade mit grünem und in allen abwärts liegenden Graden mit blauem Tuch überzogen ist. Berittene Unterbeamte und Diener mit Insignien, unter denen sich auch mehrere Paniere befinden, schreiten voran. Von Zeit zu Zeit wird ein Gong angeschlagen und durch die Zahl der Schläge auf den Rang des Mandarinen hingewiesen. Dem Tragstuhl selbst folgen Soldaten oder offizielle Boten.

Zeigt sich in solchem Festhalten am Zeremoniell ein konservativer Zug, so ist doch die Auffassung, als ob die launische Mode in China nicht ihr Wesen treibe, sondern Sitte und Brauch in ewigem Stillstand verharren, sehr verfehlt. Innerhalb ihrer Kultur geben sich die bezopften Söhne der Mitte mit Vergnügen dem erfrischenden Genusse der Veränderung hin, wenn auch nicht in solchem schnellen Wandel, wie wir in dem modelustigen Europa.

Mag auch die Geschichte des merkwürdigen Reiches von einem Nebel umgeben sein, den selbst der gelehrte Sinologe nur mühsam zu durchdringen vermag, so lassen sich doch gewisse Modeströmungen erkennen. Der Fächer ist von ihnen nicht unberührt geblieben. Es tauchen mit der Zeit Seidenfächer auf, die allgemein beliebt werden. Kostbare Exemplare werden hergestellt, mildglänzend in farbenprächtigen Mustern, die der Pflanzen- und Vogel-

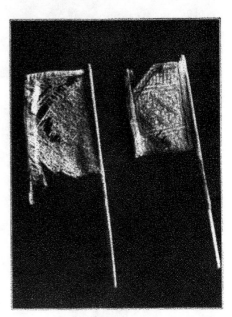

Abb. 25. Koptische Fahnenfächer aus dem
8. Jahrhundert n. Chr.
Geflochten aus Palmstroh. Berlin, Kgl. Museen.
(Zu Seite 51.)

welt entnommen sind, und sanft schimmernd in aufgesetzten kleinen Perlen. So reich
werden diese Fächer geschmückt, daß endlich ein Luxusverbot ihre Benutzung auf lange
hinaus verbietet. Dann scheinen Palmblattfächer vodern geworden zu sein. Eine
Mitteilung aus dem vierten Jahrhundert u. Chr. besagt, daß „die barbarischen Bewohner des Südens" das Produkt des Tsung-Baumes sehr hoch geschätzt hätten.
Unter dem Tsung-Baume ist die Fächerpalme zu verstehen. Damals, während der
Dynastie der Tsin, war nach Fr. Hirths Mitteilungen in dem zivilisierten Norden
Chinas der Glaube verbreitet, daß der von den Schwingungen dieser vegetabilischen
Fächer erzeugte Luftstrom besonders angenehm sei. Wie üblich folgte der neuen Mode
zuerst die elegante Welt und dann das gewöhnliche Volk. Der Palmblattfächer hat sich
gehalten bis auf unsere Tage und ist sogar zu einem wertvollen Exportartikel geworden,
der sich in Europa und besonders in Amerika große Beliebtheit errungen hat. Von
den einfachen ovalen Fächern dieser Sorte werden jährlich allein nach New York drei
bis vier Millionen Stück ausgeführt. Diese Palm leaf fans stammen von den Blättern
einer Palme, die im Chinesischen „Po-kui" genannt wird. Vielleicht, daß sie mit der
Chamaerops excelsa identisch ist. Vorzugsweise kommt sie im Kreise Hsin-hui der Provinz Kuang-Tung, deren Hauptstadt Kanton ist, in größeren Anpflanzungen vor. Für
die Herstellung dieser Fächer werden besonders schöne und vollwüchsige Blätter der Palme
vierzehn Tage lang gewässert und alsdann am Feuer getrocknet. Dies verleiht ihnen
eine genügende Steifheit, eigentümlichen Glanz und an der Oberfläche eine weiße Farbe.
Schon in diesem Zustande werden große Mengen nach Amerika gesandt, wo sie eine weitere
Behandlung erfahren. Die in China zum Gebrauch als Fächer zugerichteten Blätter werden
mit Seidenband umsäumt und erhalten einen Stiel aus Bambus, der mittels Kupfer-
nägelchen festgenietet und am Achsenblech mit kleinen Perlmutterrosetten geschmückt wird.

Abb. 26. Tanagra-Terrakotten mit Fächern.
Berlin, Antiquarium der Kgl. Museen. (Zu Seite 52.)

In der Zeit des Kai-
sers Kao-tsong (650—683
n. Chr.), welcher der Tsin-
Dynastie angehörte, sollen
nach dem Bericht eines
chinesischen Autors Fächer
von Fasanenschweifen mit
Stangen von Elfenbein ge-
fertigt worden sein. Sie
wurden zu beiden Seiten
des Herrschers getragen. Den
Anlaß zu dieser Mode gab
der Schrei eines Fasans,
den der Kaiser einstmals
hörte und für eine glückliche
Vorbedeutung hielt. „Ich
sehe noch die Fächer aus
Fasanenfedern gleich duftigen
Wolken sich bewegen," ruft
daraufhin der Dichter Tu-fu,
der zur Zeit der Tong-
Dynastie lebte, in seiner
Elegie des Herbstes begeistert
aus. In der Folgezeit kommen auch Fächer aus Pfauenfedern und aus Papier, diese
mit Inschriften und Male-
reien, in Aufnahme.

Papier, wahrscheinlich
hergestellt aus groben Seiden-

Abb. 27. Apulische Vase. Berlin, Antiquarium der Kgl. Museen. (Zu Seite 53.)

kokons und daher kurzweg „Seidenpapier" genannt, soll nach den Angaben verschiedener chinesischer Schriftsteller schon in der Zeit von 300 v. Chr. bis 200 n. Chr. benutzt worden sein. Vom Jahre 105 n. Chr. wurden zur Herstellung des Papiers auch Pflanzenstoffe aller Art, an erster Stelle die Rinde des Papier-Maulbeerbaumes (Broussonetia papyrifera), verwendet. Als den Erfinder des zähen, haltbaren Pflanzenfaserpapieres nennt Hirth nach chinesischen Quellen den Staatsmann Ts'ai Lun. Auf Grund seiner ausgezeichneten Erfindung wurde der viel gefeierte Mann zum Marquis von Lung-t'ing erhoben.

Für Fächer mit Inschriften waren mithin günstige Tage gekommen, jedoch ist nicht ausgeschlossen, daß die Mode der Autographen-Fächer schon in erheblich älterer Zeit bestanden hat, als Papier noch unbekannt war und zum Beschreiben lediglich lange, schmale Bambusbretter dienten. Der Autographen-Fächer erfreut sich auch jetzt noch in China der größten Beliebtheit, insbesondere unter den Gelehrten und Mandarinen. Zuerst wird, entgegengesetzt dem bei uns üblichen Brauche, der Name und dann erst das Gedicht, die Sentenz oder die den klassischen Büchern entnommene Weisheitsregel niedergeschrieben. Das Schreiben geschieht mittels des spitzen Pinsels und schwarzer Tusche.

Von anderen Fächern berichtet ein Fragment des Nie-tchong-ki, das Stanislaus Julien übersetzt hat. Hiernach fertigte im Anfange unserer Zeitrechnung ein Fabrikant Chi-ki-long sehr kostbare Fächer, die ihm großes Ansehen eintrugen. Er schlug Gold so dünn, wie die Flügel der Grille, applizierte es auf die beiden Seiten des Fächers, lackierte sie, malte Götter, seltene Vögel und Tiere darauf und bedeckte die Malerei mit Blättern von durchsichtigem Glimmer. Man nannte diese kleinen Fächer, welche die Form eines auf die Schmalseite gestellten, an den Ecken abgerundeten Vierecks besaßen und sehr bequem zu tragen waren, „pien-mien". Der Lack, den Chi-ki-long auftrug, ist zweifellos transparent gewesen, damit das Gold durchleuchtete. Wäre nicht erwiesen, daß den Chinesen bis zum Anfang des fünften Jahrhunderts n. Chr. die Fabrikation des Glases unbekannt war, und daß sie bis dahin Glas nur durch Vermittelung des römischen Orienthandels erhielten, so könnte die Annahme nahe liegen, daß der Verfasser des merkwürdigen Berichtes sich nach seiner Weise das Verfahren Chi-ki-longs zurechtgelegt hat, und daß dieses in Wahrheit zur Technik des klaren Emails gehörte.

Alle diese literarischen Überlieferungen weisen auf den frühzeitigen Gebrauch der Fächer im höfischen und profanen Leben der Chinesen hin. Der vordringende

Buddhismus brachte aber auch die indische Gewohnheit mit sich, den Fächer als Kultgerät zu benutzen.

In der Form des Lamaismus, an dessen Spitze der in Lha-sa residierende Dalai-lama steht, hat der Buddhismus seinen Zentralsitz in Tibet. Sein Herrschaftsgebiet erstreckt sich nicht nur über diesen Teil Asiens, sondern auch noch über die Mongolei und das ganze nördliche China. Um die Wende des fünfzehnten Jahrhunderts einer Reform unterzogen, hat er gleichwohl seine Prunkliebe in der Ausstattung der Tempel beibehalten. Auch der Taoismus, eine Vergötterung der Naturgewalten, der als Volks-religion noch über das sechste Jahrhundert v. Chr. hinausgeht, hat in der Folgezeit reich-liche Anleihen beim Buddhismus gemacht.

Lamaistische Altargeräte sind die acht Kostbarkeiten: Rad, Panier, Glücksknoten, Weihwassergefäß, Lotosblume, Schneckentrompete, zwei Fische und Schirm. Das Panier ist der langgestielte Fächer, wie er auch im Buddhismus Indiens vorkommt; es wird getragen gleich einer Kirchenfahne und ist berechnet auf die Wirkung feierlichen Pompes. Auf lamaistischen Gemälden älterer und neuerer Herkunft sind die Paniere meist in schönster Weise ausgebildet, legen doch die Maler auf die genaue Wiedergabe aller Einzelheiten in ihren Bildern den höchsten Wert. Buddhas Geburt, Buddhas Tod und alle die übrigen Situationen, in denen der Gott erscheint, sind stets begleitet vom Panier, das entweder von oblonger, runder oder ovaler Form ist und immer eine Umkränzung von Pfauenfedern aufweist. Oft ist das Panier rot lackiert und auf der Lackfläche mit einem doppelten goldenen Drachen bemalt. Ehrerbietig fächelt der Tempeldiener dem ruhenden Gott mit einem solchen Riesenfächer Kühlung zu, oder er steht im Hintergrunde und hält das Panier an der rot lackierten Stange hoch aufgerichtet.

Wedel und Handfächer kommen in den Händen der heiligen Personen gleichfalls vor, und zwar oft in merkwürdigen Varianten. Beispielsweise trägt ein behaglich dasitzender, recht vergnüglich lächelnder Göttergreis einen Wedel, der aus einer etwa 80 Zentimeter langen, rot lackierten Stange besteht, die auf zwei Drittel ihrer Länge mit herabhängen-den weißen Haaren besetzt ist, während ihr Rücken einen funkelnden Schmuck von fünf farbigen Edelsteinen, Rubinen und Türkisen oder Saphiren, in Kastenfassung aufweist.

Auch in Japan hat der Buddhismus, dessen prächtige Tempel im schroffen Gegen-satze zu den schlichten Gotteshäusern des Shintoismus stehen, auf den farbenschönen, bestrickenden Apparat der großen Paniere und der Wedel nicht verzichtet. Beispiele aus früher Zeit bieten wieder die alten Bilder, die bis tief in das Mittelalter zurückreichen, denn schon im sechsten Jahrhundert n. Chr. kam mit dem Buddhismus von Indien über China eine rein hieratische Kunst nach dem Reiche des Mikado, zu der sich im drei-zehnten Jahrhundert die unter dem Namen „Tosa" bekannte nationale Schule und im fünfzehnten Jahrhundert die in Nachahmung der altchinesischen Kunst gebildete Kano-Schule, deren Schwerpunkt in der Schwarz-Weiß-Malerei liegt, gesellten. Aus den vielen vorhandenen Beispielen sei nur eins aus einem Bilde des fünfzehnten Jahrhunderts herausgegriffen. Dargestellt ist die holdselige Feenkönigin Sivang-mu mit ihren beiden Dienerinnen. Die eine der beiden Jungfrauen hält über der Gebieterin das Panier, anscheinend um zu fächeln. Und das hoch ragende Gerät ist in der Tat würdig einer Göttin, denn seine Tafel schimmert in Goldlack, Stickerei und dem Farbenspiele der umrahmenden Pfauenfedern, während die rot lackierte Stange reich mit Bronze beschlagen ist.

Ebensowenig fehlt der Handwedel. Er ist in vielen Fällen von dem indischen ver-schieden, und die Menge dieser Varianten legt ein glänzendes Zeugnis für die Erfindungs-kraft ab, welche bei der Formgebung des an und für sich einfachen Gerätes gewaltet hat. So erscheint er auf einem der älteren Tempelbilder als eine Art Mittelding zwischen Fächer und Wedel: mit einer an kurzem Goldgriff befestigten, flachbogig umzackten, grün lackierten Rundscheibe, die eine Umrandung von goldenen Knöpfen und langen, weißen Haaren erhalten hat. Andere Formen sind noch merkwürdiger.

Nicht zu vergessen sind die meisterlichen, alten Bronzen, die gleichfalls Beispiele eigenartiger Wedel und Blattfächer bieten. Aber auch völlige Übereinstimmung mit den

Abb. 28. Apulische Vase. Berlin, Antiquarium der Kgl. Museen.
(Zu Seite 56.)

Formen im heiligen Lande am Ganges ist nicht selten.   Dies zeigen beispielsweise einige
Statuetten japanisch-buddhistischer Gottheiten der Sammlung Ellan im Museum für
Völkerkunde zu Berlin.   Die Hand eines Rakan, eines buddhistischen Heiligen, — die
Rakans werden je nach dem Grade ihrer Heiligkeit in drei Gruppen eingeteilt: eine
von siebzehn, eine von fünfhundert und eine von zwölfhundert Mitgliedern, — hält einen
kleinen Wedel, der genau dem indischen aus der Schweifquaste des Jak entspricht. Eine
andere heilige Gestalt, ein Kompila, trägt einen kleinen, palmettenähnlichen Federfächer,
der ebenfalls ganz indisch anmutet.

Getrug, der Buddhismus ist, wo er auch auftritt, eng verbunden mit Wedel, Fächer
und Panier, bei deren Ausgestaltung die Phantasie meist in der überraschendsten und
fruchtbarsten Weise tätig gewesen ist.

Buß. Der Fächer.

Zu den kurz und lang gestielten Blattfächern tritt in der zweiten Hälfte des siebenten Jahrhunderts n. Chr. der Faltfächer. Mit ihm erscheint eine neue Form des Fächers, die ein Jahrtausend später in Europa fast alleinherrschend wird.

Nach japanischer Überlieferung soll der Erfinder des Faltfächers unter der Regierung des Kaisers Tenji (668—672) in der Provinz Tamba gelebt haben. Angeblich ist der kluge Tambaner zu seiner Erfindung durch die zusammenfaltbaren Flügel der Fledermaus gekommen. Auch wird behauptet, daß die ersten Faltfächer aus fünfundzwanzig dünnen Brettchen von Hi-noki-Holz bestanden haben, welche unten durch einen Dorn und oben durch eine Schnur derart miteinander verbunden waren, daß ein leichtes Auseinander- und Zusammenfalten möglich war.

Erst viele Jahrhunderte später taucht der Faltfächer auch in China auf. Das wichtige Ereignis ist angeblich unter Kungo-lo (1403—1425) eingetreten; der Kaiser empfing als Tribut Faltfächer aus Korea und gab dann den Befehl, ebensolche Fächer in seinem eigenen Lande herzustellen. Aber die ehrbaren Frauen sollen die Mode nicht mitgemacht, sondern sich noch bis gegen Ende des sechzehnten Jahrhunderts der runden Blattfächer bedient und die Faltfächer den Hetären überlassen haben. Nach anderer Mitteilung soll der Faltfächer schon im Jahre 960, als die Sung-Dynastie zur Herrschaft gelangte, nach China gekommen sein. Wie dem auch sei, die Chinesen selbst geben zu, den Faltfächer nicht erfunden zu haben, und weisen das Verdienst der Erfindung den Fremden zu.

Nach seiner Aufnahme in China hat der Faltfächer neben dem Blattfächer allmählich die allgemeine Gunst errungen. Freilich, in Japan wurde er erheblich stärker bevorzugt und schließlich der eigentliche Liebling aller fächelnden Damen und Herren. Der gestielte Blattfächer, genannt „Uchi-wa", sank zu einem gewöhnlichen Hausgerät herab und wurde nicht mehr als Bestandteil der Toilette benutzt, es sei denn, daß von Personen chinesischer Herkunft. Zum guten Ton gehört auch jetzt noch der Faltfächer, der „Ogi".

Die ursprüngliche Form von fünfundzwanzig Brettchen, „Hi-ogi" genannt, wurde bald in der Weise erweitert, daß man die Brettchen zu dünnen Stäben ausbildete, in der Zahl verminderte und als Gerüst für ein ausgespanntes Papier benutzte, das unten die Stäbe bis etwa zwei Fünftel ihrer Länge freiließ, den Rest aber bedeckte und sich beim Zusammenlegen des Fächers gleichfalls zusammenfaltete. Dann auch wurden die beiden äußeren Stäbe zu Deckblättern ausgebildet, um für den zusammengelegten Fächer als Schutz zu dienen. Nun erst konnten die Kleinkünste und die Malerei mit voller Kraft einsetzen, um den Faltfächer so schön als möglich auszuschmücken. Und sie haben dies sowohl in China, wie in Japan bis auf den heutigen Tag mit einer wahrhaft staunenswerten Meisterschaft getan, wenn es galt, irgend einen Prachtfächer zu liefern.

In den Kleinkünsten sucht der Ostasiate seinesgleichen. Die stoische Ruhe, mit welcher er arbeitet, die Liebe zur feinsten und sorglichsten Ausgestaltung des Kleinsten, seine leichte Hand und sein scharfes Auge, sein gesundes Gefühl für ornamentale und farbige Wirkung und die Sicherheit in gewissen, oft geübten Verfahrungsweisen sind sein unveräußerliches Erbteil, das sich auch bei der Herstellung der Fächer in berückendster Weise bemerkbar macht. Man staunt über die Fülle der Techniken, die er selbst bei einem so verhältnismäßig kleinen Gegenstande, wie es ein Fächer ist, noch dazu unter vollster Berücksichtigung der Leichtigkeit und Handlichkeit, anzubringen weiß. Als Beispiel sei ein altchinesischer Hoffächer gewählt, der aus dem sechzehnten Jahrhundert stammt. Er besitzt Lichtschirm-Form, die für Fächer sehr beliebt ist. Sein Rahmen besteht aus Schildpatt und das eigentliche Blatt aus Elfenbeingeflecht, das in zartester Weise ausgeführt ist. Käfer und bunte Falter sind in einer Lebendigkeit auf die Fläche gesetzt, als ob sie lebten. Blumen und andere ornamentale Motive sind als reizvoller Schmuck hinzugefügt. Alle diese unendlich fein und naturwahr durchgeführten Gebilde sind aus Elfenbein, Perlmutter und Speckstein gesägt, geschnitten, modelliert, geschabt und mit höchster Genauigkeit eingesetzt. Durch Beizen und Färben ist eine koloristische Wirkung erzielt, als ob sie dem Empfinden eines großen Künstlers entstamme. Und doch wird

Abb. 29. Sogenannte Aldobrandinische Hochzeit. Römisches Wandgemälde im Vatikan zu Rom. (Zu Seite 57.)

„der Verfertiger ein schlichter Handwerker gewesen sein. Aber weiter: auch der Griff ist in edelster Weise geziert — in Kupferemail, mit einem Muster von Streublumen, und in Amethyst und Lapis lazuli. So sind ein halbes Dutzend Techniken zur Anwendung gekommen bei diesem einzigen Gerät, und insgesamt ist ein Gebilde entstanden, das die vollkommenste Harmonie atmet.

Aus dem Elfenbein vermag der Chinese wahre Wunderwerke zu schaffen (Abb. 20 u. 21): er durchbricht und schnitzt es, als ob die Masse widerstandslos sei; er zaubert mit Messer und Stichel aus der Platte ein Genrebild oder Stilleben im zartesten Flachrelief, das sich mit dem edelsten Pâte sur Pâte zu messen vermag, und er wandelt den Grund mittels Laubsäge und Messer in ein Gitterwerk um, dessen Stäbe und Zwischenräume die Breite von Zwirnsfäden besitzen: er arbeitet eben das, was „Relief auf Gittergrund" heißt. Im Ausschneiden und flachen Reliefieren von Perlmutter mittels Laubsäge, Stichels und Schabmessers weist er ähnliche ausgezeichnete Leistungen auf. Aus der vertieften Fläche der Perlmutterstäbe bringt er ein mit dem Rande bündig liegendes Flachrelief in Art des altägyptischen relief en creux heraus, das infolge seiner Vollkommenheit die Schwierigkeit der Herstellung gar nicht ahnen läßt. An Rad- und Faltfächern

solcher Art weisen einige unserer deutschen Sammlungen wahre Meisterwerke auf. Speckstein, Horn, Kokosnußschale, Sandelholz werden unter seinen Händen zu kleinen Kunstwerken. Farben, geschnittener Rotlack, Goldlack in den verschiedensten Tönungen und zahlreiche andere Lackarten, von denen manche wie mit Goldstäubchen durchzogen sind, treten als Schmuck hinzu. Hier ist der Stiel eines Blattfächers in Rotlack ausgeführt, der in jeder Schicht eine besondere Tönung zeigt, so daß beim Einschneiden der Ornamente die Schnittflächen sich wie jene aus altem Holz mit vielen Jahresringen ausnehmen. Dort ist auf weißen Federn, die zu einem halbrunden Fächer vereinigt sind, in Silberlack eine anheimelnde Familienszene fast so fein wie Malerei aufgetragen. Hier sind dem dunklen Lack hübsch geschnittene und gravierte Blumen von leuchtendem Perlmutter und goldene oder farbige Fileten eingedrückt, die an Zierlichkeit jene auf unseren Bucheinbänden noch übertreffen. Dort wieder ein Fächer, dessen Stäbe in goldener Umrahmung aus haarfeinem, reizvoll gewundenem Silberfiligran bestehen, dem schimmernde Blüten in blauem und grünem Email von durchsichtiger Klarheit oder fast ebenso schön wirkende Stückchen der blauen Federn des Eisvogels eingelassen sind. So wäre eine lange Reihe anderer Techniken anzuführen, die alle für Fächer zur Verwendung gelangen, sofern es sich um wertvollere Exemplare handelt.

Und nun die Malerei. Man kann sagen, daß der Aquarellpinsel mit wahrer Grazie über das Papier oder die Seide geführt ist. So ein Swatow-Fächer mit einer flüchtig hingeworfenen Landschaft oder einer Genreszene ist in der Regel ein kleines Kabinettsstück an eleganter, leichter, duftiger Malerei. Daß die Swatow-Fächer in China allgemein beliebt sind, kann nicht wunder nehmen. Übrigens gebührt der Ruhm dieser Fächer nicht Swatow, sondern dem wenige Meilen entfernt gelegenen Städtchen Pêngchou, wo sich schon vor langer Zeit geschätzte Fächermaler niedergelassen haben, die hier, an dem Ufer einer stillen Bai, unverdrossen ihrer Kunst leben.

Abb. 31. Figur mit Fahnenfächer auf dem Diptychon des Philoxenus. Teilstück. (Zu Seite 58.)

Es ist eigentümlich, daß die Frauen in den Familienszenen und sonstigen Darstellungen stets in alter Tracht gemalt werden. Pietät gegen das Vergangene mag der Grund sein, vielleicht auch die Benutzung alter Vorlagewerke, an denen in China kein Mangel ist. Nicht minder eigentümlich ist das mehrfach geübte Verfahren, die menschlichen Gestalten in den Malereien in Applikation herzustellen, und zwar in der Weise, daß für den Kopf eine bemalte dünne Elfenbeinplatte und für die Gewänder Seide oder gefärbtes, stark glänzendes Stroh gewählt wird. Durch ein vorzügliches Klebematerial sind diese Applikationen mit dem Papier oder der Seide in haltbarster Weise verbunden. Auch werden zuweilen in die Malereien an passenden Stellen Fensterchen aus Glimmer eingelassen, durch welche sich ein coup d'œil werfen läßt. Ferner kommen Fächermalereien auf gepudertem Gold- oder Silbergrund vor, nicht zu vergessen Fächer in Lichtschirm-Form, auf deren Seidenblatt Malerei und Stickerei, diese in mild leuchtenden Seidenfäden, zur feinsten Harmonie zusammengestimmt sind. Überhaupt weist die chinesische Nadelmalerei,

Abb. 32. Papier-Radfächer mit Koransprüchen aus den Haussaländern. Berlin, Museum für Völkerkunde. (Zu Seite 66.)

Abb. 33. Flabellum von Canosa. (Nach Revue de l'Art chrétien, 1883.) (Zu Seite 67.)

denn als solche sind diese Stickereien in Platt-, Tambourier und Moosstich zu bezeichnen, die vollkommensten Leistungen in bezug auf künstlerische Durchführung, Kraft und Klarheit der Farben, feine stoffliche Charakterisierung des dargestellten Gegenstandes und Sorgfalt der Technik auf. Solche Stickereien finden sich auch zuweilen an besonders vornehm ausgestatteten schmalen Futteralen von Seide, in welche die Fächer zur Schonung hineingeschoben werden.

Japan steht gegen China nicht zurück, übertrifft dieses sogar in manchen Techniken, besonders in der Herstellung von Lack und in der Behandlung der Metalle. Niemand versteht besser zu legieren, wie überhaupt Metalle zu färben, als die Japaner. Sie gebieten über eine Skala von Tönen, die wir in der Metallindustrie gar nicht kennen, und sie bezragen, indem sie edle und unedle Metalle zur Erzielung dieser Töne mischen, daß sie weniger auf die Kostbarkeit des Metalls, als auf die schöne, künstlerische Wirkung Wert legen.

Unter den Legierungen kommt eine Art vor, welche „Shakudo" heißt. Sie besteht aus Kupfer mit einem Teile Gold und nimmt später eine blauschwarze, fast durchscheinende, glänzende Patina von höchster Schönheit an. Eine andere Legierung, genannt „Shibuitshi", die platinartig wird, besteht aus sechs Teilen Kupfer und vier Teilen Silber. Dann „Shido" oder violettes Kupfer. Weiter auch grünes, rotes, gelbes, graues und fast weißes Gold, letztere beiden wie bei uns hergestellt durch Zusatz von Eisen, sowie eine Reihe prächtiger Silbertönungen.

Mit dieser reichen Skala von Legierungen und Farben vermag der Metallarbeiter wie ein Maler zu arbeiten. Zudem ist er im Schneiden, Bohren, Ziselieren, Feilen und Polieren bestens bewandert. Eine Steigerung

Abb. 34. Flabellum von Tournus.
(Nach: Revue de l'Art chrétien, 1883.)
(Zu Seite 68.)

der künstlerischen Wirkung wird erreicht durch ein-
gehämmerte Arbeit, Tauschieren, Emaillieren und
Niellieren, Verfahrungsweisen, die als höchste Stufe
kunsttechnischen Könnens gelten müssen. Zurzeit ist
einer der besten Meister in solchen Erzarbeiten Chokichi
Suzuki, der sich wiederholt mit seinen Werken an
Ausstellungen in Europa beteiligt hat und dessen zwölf
Falkenbildnisse überall, wo sie erschienen, ungeteilte
Bewunderung erregt haben.

Wie leicht erklärlich, gelangen die vorgeschilderten
Schmucktechniken an den Deckblättern des Fächers nur
dann zur Anwendung, wenn es sich um ein be-
sonderes Prachtstück handelt, das für den Hof, einen
Fürsten oder einen reichen Sammler bestimmt ist.
Selten, daß sie ein gewöhnlicher Sterblicher zu Gesicht bekommt. Einige Pariser und Londoner Sammler
können sich des Besitzes solcher Meisterwerke rühmen.
Auf einem dieser Bronzedeckblätter windet sich als Relief
eine starkstämmige Schlingpflanze empor, die, soweit
es die schmale Fläche gestattet hat, grünbelaubte Zweige
mit gelben Blüten aufweist. Von einem braunroten
Pilz, der unten im moosigen Boden wächst, kriechen
nach dem Stamme der Schlingpflanze und an diesem
empor Käferchen und Ameisen. Der Stamm ist aus
Shakudo eingehämmert worden, und zwar dernet, daß
seine schwalbenschwanzförmigen Ränder unter den unterschnittenen der Bronze fest haften bleiben. Auch die
feingeschnittenen Goldblättchen, die grüngoldigen der
Blätter und die gelben der Blüten, in denen sich
sogar die Staubgefäße und die Stempel erkennen lassen,
sind eingehämmert. Mit sein tauschierten Goldlinien
sind die Wolken des Himmels angegeben. Es wurden
zu diesem Zweck seine Furchen mit unterschnittenen
Rändern in die Bronze gegraden und in die Furchen
die Golddrähte mit der Pinzette eingedrückt.
Aber noch weiter: die kleinen Ameisen und
Käferchen am Stamme sind in Eisen geschnitten und dem Shakudo eingefügt; die
dunkelsilberigen Flügelchen einiger dieser
Käfer weisen Niellierung auf, also Schwefel-
silber, das in die vertieften Stellen ein-
geschmolzen und dann poliert ist. Und
schließlich der Pilz: er hat einen Überzug
von tiefrotem Lack erhalten, wobei eine Lage
über die andere gelegt werden mußte, bis
endlich das Polieren geschehen konnte. So
ist ein Werk von höchstem Reiz geschaffen,
das dauernden Genuß gewährt.

Kaum minder schön sind die in Eisen
meisterlich geschnittenen und mit Gold tauschierten Deckblätter eines Fächers, der einer
Pariser Sammlung angehört. Auf beiden
Seiten ist das Motiv des chinesischen Löwen,
der zwischen blühenden Päonien auftaucht,

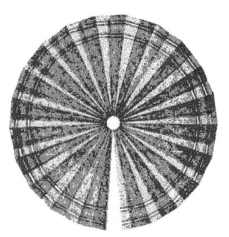

Abb. 35. Flabellum von Monza.
(Nach: Revue de l'Art chrétien, 1883.)
(Zu Seite 69.)

zur Darstellung gebracht. Zeichnerisch ist dieses Motiv von verschiedenen Meistern mehrfach verwendet worden. In der Shin hinagata des berühmten Hokusai (1760—1849) sieht man, wie die Löwen zwischen den Päonien mit einer durchbrochenen Kristallkugel spielen. Aus diesem oder einem anderen Holzschnittwerk mag sich der Eisenschneider der Fächerdeckblätter den Vorwurf für seine zierliche Schöpfung geholt haben.

Mehrfach sind sogenannte Kommandofächer in solchem Eisenschnitt mit Goldtauschierung ausgeführt worden. Als Rüstungen getragen wurden — dies geschah noch in der

Abb. 36. Bildnis mit Federblattfächer.
Gemälde von Lorenzo Lotto in der Brera zu Mailand. (Zu Seite 67.)

ersten Hälfte des neunzehnten Jahrhunderts — erschien der Feldherr mit seinem Fächer wie etwa ein Generalfeldmarschall unseres Heeres mit dem Marschallstabe. Ein historisch interessantes Exemplar befindet sich im Privatbesitz zu Paris: es ist der Fächer, den der Daïmio von Simonosaki mit der Bitte um Waffenstillstand dem Admiral Jaurès sandte, als dieser die Passage in das innere Japanmeer erzwungen hatte.

Immer zeigen die Kommandofächer auf der Vorderseite des Blattes die Sonnenscheibe in Gold und auf der Rückseite die Mondsichel mit Sternen in Gold oder Silber. Sie kamen in verschiedenen Formen vor. Der Feldherr kann sich sogar gestatten, den sonst als unfein geltenden gestielten Blattfächer zu tragen. Das wichtige Würdezeichen besteht aus einer oblongen, an den Ecken abgerundeten und an den Seiten in eleganter Kurve

eingezogenen Holzplatte, die schwarz lackiert, samt einem fünfundzwanzig Zentimeter
langen Stiel, der mit Bambus umflochten und mit einer Schlinge versehen ist. Kräftig
heben sich von dem schwarzen Grunde vorn die in Goldlack aufgemalte Sonnenscheibe
und hinten die in Gold- oder Silberlack aufgetragene Mondsichel und die Sterne ab.
Nicht zu verwechseln sind mit dieser Art Fächer die chinesischen Kommandofächer zum
Ballspielen, die in Palmblattform gleichfalls mit schwarzem Holzlack überzogen und in
Gold auf Schwarz und Rot mit Inschriften — Angaben der Spielregeln — versehen
sind. Ein anderer Fächer für Feldherren stellt sich als schlichter Faltfächer dar; seine
zwölf dünnen Bambusstäbchen sind mit Papier bespannt. Auf der roten Vorderseite
prangt wieder die goldene Sonnenscheibe und auf der Rückseite die silberne Mondsichel
samt den Sternen. Unten, am Dorn, hängt eine Schnur mit Quaste aus roter Seide.
Der Name für diese Kommandofächer, die auch in Korea vorkommen, ist „gun-sen".

Bevor die Kaiserin von Japan 1886 europäische Tracht für die zu den Empfangs-
feierlichkeiten und Festen geladenen Damen vorschrieb, bot sich auch bei Hofe eine Fülle
eigenartiger Fächer dar. Jetzt kommen diese Fächer nur noch selten zum Vorschein, besonders die großen, denn nach dem neuen Zeremonial werden Fächer in der kleineren
abendländischen Form bevorzugt. Der Kazari-ogi, auch „Yokome", zu deutsch „Spion"
genannt, wurde nur von den Nebenfrauen des Kaisers bei feierlichen Gelegenheiten als

Galafächer getragen
und mit beiden Hän-
den entfaltet vor der
Brust gehalten. In
Gegenwart ihres kai-
serlichen Gebieters
neigten die Damen
zum Zeichen der Ehr-
furcht das Haupt
und hoben den Fächer
vor das Antlitz. Auch
die uralten Fächer
aus 25 Brettchen
von Hinokiholz, be-
malt mit goldenen
Wolken, fliegenden
Kranichen und grü-
nen Zweigen der
Kiefer, die als Sym-
bol langen Lebens
gilt, werden von den
Nebenfrauen, denen
sie zugewiesen wa-
ren, nur noch selten
benutzt Abb. 21 t. Es
sind kleine Kunst-
werke von entzücken-
dem Ansehen. Die
Schnur, welche oben
die Stäbe des Fä-
chers zusammenhält,
findet an den bei-
den Ecken eine Fort-
setzung in zwei me-
terlangen Seiden-
schnüren, die mit

Abb. 87. Bildnis der Lavinia mit Federfächer. Gemälde von Tizian.
Wien, K. K. Gemäldegalerie.
Nach einer Originalphotographie von Franz Hanfstaengl in München.
(Zu Seite 76.)

Abb. 38. Bildnis der Lavinia. Gemälde von Tizian in der Dresdener Galerie.
Nach einer Originalphotographie von Franz Hanfstaengl in München. (Zu Seite 76.)

ihren Kanten und ihren schönen Posamenten tief herabhängen. Der Fächer gleicht einem bunt schillernden Falter, wie geschaffen zu den kostbaren, mild leuchtenden Seidenstoffen der Gewänder. Die Kaiserin genießt natürlich den Vorzug, einen anderen Fächer zu führen: er ist aus weißem Holz gefertigt und besitzt eine größere Anzahl Stäbe als jener der übrigen Damen.

Verschwunden ist ferner vom Hofe der große Akoya-ogi, den wir in Europa so gern zu dekorativen Zwecken benutzen. Jetzt ist er nur noch in den Teehäusern bei den Geishas, den Tänzerinnen, zu finden, die mit ihm ihr anmutiges Spiel treiben und ihren poetischen Namen, wie „Chrysantheme auf der Flur", „Rasendes Glück" oder „Duft der Blumen", Ehre machen, oder bei den erstaunlich gewandten Gauklern, die mittels des Fächerwindes Papierschmetterlinge in der Luft schwebend erhalten. Wie diese

Abb. 29. Illustration aus den „Emblemata Secularia“, 1611.
(Zu Seite 84.)

Geishas tanzen? Nun, So-jo Hen-jo, ein japanischer Dichter, der einst ihren Tänzen an einem hohen Festtage zuschaute und eine von ihnen der in den Wolken thronenden Göttin Otome verglich, möge Antwort geben:

„Winde treiben dich,
Wolkengeborene Otome,
Zack'gen Himmelspfad:
Und schweigt der Wind, begrüß' ich
Flüchtig dein leuchtendes Bild.“

Das Schicksal des Akoya-gi haben noch einige andere alte Hoffächer erfahren, wie der Chiukei oder Sune-hiro, der in zusammengelegtem Zustande halb offen bleibt. Sie besitzen meist ein Gestell von schwarzgebeiztem Holz und sind bemalt mit Blumen auf Goldgrund. Jetzt sind sie der Stolz des europäischen Sammlers, der manches Exemplar dieser Art ergattert hat, während sie am Hofe des Mikado feiern.

Im gewöhnlichen Leben benutzt der Japaner einen sehr einfachen Faltfächer, bestehend aus einem Gerippe dünner Bambus- oder anderer geeigneter Holzstäbe mit einem Blatt Papier, das entweder bemalt oder weiß geblieben ist. Die Frauen tragen die bemalten, während die Herren meist die weißen Fächer vorziehen. Diese sind gewöhnlich mit irgendeiner weisen Sentenz, einem kurzen buddhistischen Text oder den in Utaform verfaßten Versen eines gefeierten Dichters beschrieben. So steht auf einem solchen Fächer die tiefsinnige Frage: „Die Menschen, an die ich denke, sind sie oder sind sie nicht?“ Und auf einem anderen Fächer: „Nicht kennt der Mensch den Zustand der Welt.“ Aus den Gedichten Pelo-thiens ist die Strophe entnommen:

„Vor des Mondes Glanz
Denk nicht an dräuende Sorge.
Verringert es doch
Deines Daseins kurze Zeit
Und deines Auges Gewalt.“

Diese Mahnung zur Lebensfreude befolgen die Japaner getreulich; besonders die Damen sind heiter gestimmte, freundlich lächelnde Wesen, mögen sie sich auch zuweilen in Liebesklagen leidvoll ergehen und über den lustig mit Blumen, Vögeln, Schmetterlingen und Käfern bemalten hellgrundigen Faltfächer träumerisch und sehnsuchtsvoll in die Weite schauen. Freilich, wenn der grimme Schnitter Tod ins Haus dringt und den Gatten hinwegrafft, dann nagt der Schmerz am Herzen, die sanften, dunklen Augen schwimmen in Tränen und der violette, schwarz montierte Trauerfächer, dessen sich auch der Witwer bedient, wird unter Klagen und Grämen hervorgeholt, um der alten Sitte Genüge zu tun.

Tokyo und Kioto stehen in der Herstellung schöner Fächer obenan. Auch Atsuta an der Owari-Bai genießt einen guten Ruf. Unter den Städtchen und Städten, in denen das Massenfabrikat gefertigt wird, sei Fushimi, zwischen Osaka und Kioto, genannt. Infolge der Bedürfnislosigkeit der Handwerker und der Teilung der Arbeit sind die Preise sehr billig. Die gewöhnlichsten Fächer kosten wenig mehr als zehn Mark das Tausend, die besseren zehn Mark das Gros und die feinsten, unter ihnen solche in Seide, bis zehn Mark das Stück. Farbendrucker und Fächermaler haben mit ihrer Anfertigung viel zu tun. Künstlerfächer stehen erheblich höher im Preise. Die großen Maler mögen zwar hin und wieder Fächer malen, aber sie lassen sich ihre Kunst genau so hoch bezahlen wie ihre berühmten Kollegen im Auslande. Der Fächer eines Gahō Haschimoto, des ausgezeichneten Kanomalers, der am japanischen Kunsthimmel der Gegenwart die erste Stelle einnimmt, oder eines Kanaoki, der sich rühmen kann, das achtunddreißigste Glied der schon seit dem Jahre 859 bestehenden Malerdynastie des Kose Kanaoka, des Begründers des klassischen Stils für religiöse Malerei, zu sein, ist sicherlich nicht leicht zu erwerben, wenn überhaupt diese Herren jemals einen Fächer gemalt haben; denn ihre Tätigkeit erstreckt sich vorzugsweise auf das Malen von Kakemonos. Auch die meist im Auslande, in Paris, vorgebildeten Mitglieder der japanischen Sezession, deren bedeutendste Kraft zur Zeit Seiki Kouroda ist, dürften sich mit der Herstellung von Künstlerfächern nicht allzuviel befaßt haben. Immerhin wird in der Kunstschule zu Tokyo das Fächermalen fleißig geübt.

Die professionsmäßig arbeitenden Fächermaler haben wie fast überall ihre Hilfsmittel, bestehend in alten und neueren Holzschnittwerken, unter denen die meisterlichen · Skizzenbücher und Vorlagewerke des Hokusai, vornehmlich seine hundert Fuji-Landschaften, allgemein verehrt werden, und in einer illustrierten Fächerliteratur, deren Inhalt von den gebildeten Elementen gern gelesen wird. Ein solches Büchlein, das schon 1793 erschienen ist, trägt den Titel Sen-shiki. Es enthält eine Anzahl von Sagen und Erzählungen, die mit dem Fächer in Verbindung stehen, Darstellungen von Genreszenen, Abbildungen alter Fächer und sogar die bildliche Veranschaulichung einer

Abb. 40. Kurfürstin Magdalena Sibylle von Sachsen.
Stich von Lucas Kilian. (Zu Seite 90.)

Fächerwerkstatt. Der Verfasser geht zurück bis auf die vom Nebel der Sage umflossene Kaiserin Zingö, die von ihrem ehrwürdigen Minister Tale-no-uchi einen gestielten Blattfächer empfängt, den der gescheite Mann selbst gefertigt hat. Faltfächer gab es zu jener Zeit noch nicht, und die Kaiserin mußte sich mit dem schlichten Fächer ihres verehrten Ratgebers zufrieden geben.

„Seit Himmel und Erde sich zu eröffnen begonnen haben, denkt unter den atmenden lebendigen Wesen der Mann an das Weib, das Weib sehnt sich nach dem Manne. Dieses ist die von selbst entstandene Ordnung des Yin und Yang." So steht geschrieben in einem von Ba-kin verfaßten japanischen Buche, das eine Reihe japanischer Lebens- und Sittenbilder aus dem vierzehnten Jahrhundert enthält und unter dem merkwürdigen Titel: „Der Zwischenraum der Wolken, der Mond der Regennacht" um die Wende des achtzehnten Jahrhunderts erschienen ist. Sehr wahrscheinlich wird auch in Japan die von selbst entstandene Ordnung des Yin und Yang, nachdem sie einmal da war, durch das Fächerspiel der hübschen, zierlichen Töchter des Mikadoreiches noch wesentlich gefördert sein und noch immer weiter gefördert werden.

V.

Im klassischen Altertum.

Wie in Asien, so haben auch im Lande der Pharaonen Fächer und Wedel, nett und seri, schon in den ältesten Zeiten ausgedehnte Verwendung gefunden. Der Fächer galt an den Ufern des Nils als das Emblem der Güte und himmlischen Ruhe. Das Würdezeichen der königlichen Prinzen war das Pedam, gebildet aus einer langen Griffstange mit Straußenfeder. Der Titel der Prinzen lautete: „Wedelträger zur Linken des Königs." Auf dem großen Flachrelief im Voraum des Ramesseums zu Theben, des Grabtempels Ramses' II., sind die dreiundzwanzig Söhne des Königs mit den Zeichen ihrer Würde dargestellt und über ihren Köpfen ist ihr Titel „Wedelträger zur Linken des Königs" gewissenhaft in den Stein gemeißelt. Aber auch andere Personen standen als Fächer- und Wedelträger in den Diensten der Herrscher. In den zahlreichen Papyrusdokumenten, welche in den letzten Jahrzehnten in den Ruinen und Kehrichthaufen alter ägyptischer Städte gefunden wurden, werden Würdenträger des Fächers und des Wedels mehrfach erwähnt. Eine eigenartige Gruppe in diesen Funden bilden die Musterbriefe, hieratische Papyrus, welche junge Schreiber, die in den einzelnen Verwaltungen ihre Lehrzeit durchmachten, zur Übung abgeschrieben haben. Einer dieser Briefe aus dem Ende des neuen Reiches (um 1100 v. Chr.), den Adolf Erman und Fritz Krebs übersetzt haben, beginnt mit den Worten: „Der Wedelträger zur Rechten des Königs, der Kommandant der Hilfstruppen und Vorsteher der Länder in Äthiopien Pa-ser, sagt zu dem Schützer seiner Leute: Man bringt dir dieses Schreiben." Hier wird also der Wedelträger als hoher Würdenträger bezeichnet. In der Fortsetzung des Briefes werden Anweisungen gegeben, gewisse Gaben herzurüsten, wahrscheinlich um sie an den König zu senden. Genau werden alle Gegenstände aufgezählt und unter ihnen auch erwähnt: „Straußenfedern" und „langgefiederte Fächer aus Gold". An anderen Beispielen, die noch erheblich älter sind, ist kein Mangel. Die Würde eines Wedel- und Fächerträgers dürfte bis in das alte Reich, in das dritte Jahrtausend v. Chr., zurückreichen. Sie kann nicht sonderbar erscheinen, wenn wir an die Würde der Kammerherren und Kämmerer im Ehrendienste der modernen Höfe denken.

Aus den erhaltenen Denkmälern läßt sich von der Form gewisser Fächer, mit denen der König gefächelt wurde, eine deutliche Vorstellung gewinnen (Abb. 22). Die Griffstangen sind etwa zwei Meter lang und münden oben in einen flachen Kelch, mit breiter, hübsch abgerundeter Hülse, die an den beiden Schmalseiten offen ist und zum Einstecken des Fächerblattes dient. Auf den Fresken von Medinet-Habu tragen die Begleiter des Königs langgestielte Fächer in der Form eines Halbkreises und auf dem berühmten Relief mit dem Triumphzuge des Horus (17. Jahrhundert v. Chr.) solche in

Abb. 41. Bildnis einer Dame. Gemälde von P. Morerlfe vom Jahre 1628. Berlin, Kgl. Museen.
Nach einer Originalphotographie von Franz Hanfstaengl in München. (Zu Seite 94.)

der Form eines überhöhten Halbkreises. Anscheinend sind diese Fächer aus lanzettförmigen Blättern oder Federn zusammengesetzt, und zwar derart, daß jede untere Lage
zwischen den Lücken der oberen mit ihren Spitzen zum Vorschein gelangt. Eine derartige
Anordnung mit natürlichen Blättern oder Federn zu treffen, ist ungemein schwierig; auch
sind getrocknete Blätter von der geringen Breite der dargestellten nicht haltbar. Zweifellos

verden die Fächerblätter aus soliderem Material, nämlich aus Holz, bestanden haben, während die lanzettförmigen Blätter oder Federu der Holzplatte einfach aufgemalt varen. Man hat eben das Fächerblatt im Lande der Pharaonen genau so farbig-ornamental vie in unseren Tagen behandelt. Daß gern mit Farben dekoriert wurde, lehren die Denkmäler, die Särge aus Mumienpappe und so manche Gegenstände des Hausrates. Nur in dieser Weise lassen sich die eigentümlichen Kompositionen der Fächerblätter erklären. Eine Bestätigung liefert auch der eigentümliche Abschluß der Griffstange mit Kelch und Hülse. Die ägyptische Abteilung der Kgl. Museen zu Berlin besitzt einen solchen Abschluß, der von einer nicht mehr vorhandenen Stange abgebrochen ist (Abb. 23). Er ist aus braunem Holz geschnitzt. Auf dem Boden der Hülse, deren dreite Wandungen einen Zentimeter voneinander abstehen, ragt ein stumpfes Dornenpaar empor. Erhielt das hölzerne Fächerblatt, dessen Dicke der lichten Weite der Hülse entsprach, unten am Halbmesser zwei mit den Dornen korrespondierende Bohrlöcher, so konnte es in die Hülse

Abb. 42. Damen zu Pferde. Nach Math. Merian. 1616. (Zu Seite 96.)

von oben bequem hineingeschoben verden und einen recht gesicherten Halt finden. Statt der Holztafel ließ sich auch eine Platte von Leder oder Pappe einschieben. Jedenfalls ist die Annahme, das Fächerblatt sei aus schmalen Blättern zusammengesetzt worden, nicht haltbar, vie sich auch schon daraus ergibt, daß bei den Darstellungen oberhalb der Blattspitzen die halbkreisförmige Umrißlinie der Tafel sichtbar ist.

Reste wirklicher Fächer oder Wedel sind nur in sehr beschränkter Zahl auf unsere Zeit gekommen. An der Spitze dieser seltenen Altertümer steht die Griffstange vom Wedel der Königin Ah-Hotp, Frau des Kames und Mutter des Ahmosis, des Gründers der achtzehnten Dynastie. Die hohe Frau, gestorben im Jahre 1703 v. Chr., hatte ihren Wedel als Beigabe ins Grab erhalten. Die etva meterlange Griffstange, euphemistisch „Stab" genannt, ist utit einem Aufsatze versehen, der einen Beschlag von Goldblech und Löcher zum Einstecken von Federn aufweist. Die ägyptische Abteilung der Kgl. Museen zu Berlin bewahrt einen etwa siebzig Zentimeter langen, mit Elfenbeinknopf versehenen Stab eines angeblichen Fächers aus der neunzehnten Dynastie (1400 bis 1270 v. Chr.), an dem noch Spuren rotgefärbten Leders zu sehen sind. Ob es sich in diesem Falle

Abb. 48. Bildnis einer Patrizierin aus Frankfurt a. M.
Stich von Seb. Furck. (Zu Seite 46.)

wirklich um einen Fächerstab handelt, ist aber sehr zweifelhaft. Würde die Vermutung zutreffen, so könnte es sich nur um einen Fahnenfächer handeln, da sich die Spuren des Leders ausschließlich an der einen Seite des Stabes befinden. Dem widerspricht wieder, daß von Fahnenfächern auf den Denkmälern keine Spur zu finden ist, obwohl der Reichtum an sonstigen kleingestielten Blattfächern kein geringer war. Man benutzte sie nicht allein, um sich selbst zu fächeln, sondern auch als Feuerfächer, zum Kühlen der Getränke und Fernhalten der Insekten von den Speisen.

Die Tatsache, daß die Königin Ah-Hotp ihren Wedel ins Grab erhalten hat, kann nicht außergewöhnlich erscheinen, denn es war Sitte, den Toten solche Gegenstände, an denen sie sich im Leben erfreut hatten, bei der Bestattung mitzugeben. Sogar literarische Leistungen wurden beigefügt, damit die angenehme Lektüre nicht fehle. In der späteren Zeit sind unter ihnen sogar solche erotischen Charakters zu finden. Auf diese Weise ist uns auch das Bruchstück eines Romans erhalten worden, der aus der Zeit um Christi Geburt stammt und mithin als der älteste seiner Art gelten kann.

Sein Held ist nach den Angaben von Erman und Krebs ein Königssohn Ninos, wahrscheinlich der Gründer von Ninive. Obwohl der Prinz erst siebzehn Jahre zählt, haben ihn die Eltern mit einer dreizehnjährigen Prinzessin verlobt. Die große Jugend der beiden Liebesleute mag die Eltern veranlaßt haben, die Hochzeit aufzuschieben und den Prinzen auf Reisen zu schicken. Als Ninos heimgekehrt ist, hat er zunächst ein langes Gespräch mit seiner zukünftigen Schwiegermutter Terkia. Das Gespräch beginnt mit den Worten: „O Mutter, treu meinem Schwure, trete ich wieder vor deine Augen und umarme meine süßeste Braut, obwohl ich bis zum Überdruß auf meinen Reisen alle Genüsse hätte auskosten können. Nun aber, da ich unverdorben heimgekehrt, überwältigen mich der Gott und meine Jugend. Siebzehn Jahre bin ich alt, wie du weißt; aber noch immer ein unschuldiger Knabe, und wenn ich die Göttin nicht in mir empfunden, wie glücklich wäre ich ob meiner Stärke. Aber nun bin ich — könnte ich dies leugnen — ein Gefangener deiner Tochter! Es ist ja auch klar, daß Männer meines Alters heiratsfähig sind; denn wie viele hielten sich überhaupt bis in ihr fünfzehntes Jahr keusch und unverdorben?! Was gegen unsere Verbindung ist, ist doch lediglich eine alberne Sitte, nach der die Mädchen erst mit fünfzehn Jahren heiraten sollen. Und welcher vernünftige Mensch könnte leugnen, daß allein die Natur hierin den Ausschlag geben sollte?" In diesem Tone geht es weiter. Auch die Jungfrau sehnt sich nach dem Jüngling und macht dementsprechend Ninos' Mutter ein Geständnis. Da verrät ihr diese, daß auch Ninos sich nach ihr sehne. Und nun „umschlang die Jungfrau sie lachend ... aber zu reden wagte sie in diesem Augenblick nichts; und sie drückte ihr pochendes Herz an den Busen der Mutter Thambe." Leider bricht der Roman bald

Abb. 44. Dame mit Faltfächer und Anhängsel.
(Zu Seite 100.)

ab, so daß sein Ende
dunkel bleibt. Hoffentlich
werden sich aber die Lie-
benden wie in allen späteren Romanen glücklich vereint haben.

Daß in solchem Mi-
lieu der Fächer keine be-
deutungslose Rolle gespielt
hat, ist ohne weiteres zu-
zugeben. Sehr wahrschein-
lich wird auch die An-
gebetete des Ninos von ihren
Fächerkünsten den bezau-
berndsten Gebrauch gemacht
haben, um den Verliebten
fest in Banden zu halten.

Noch heute fächeln die
Töchter des Pharaonen-
landes ebenso anmutig, wie
auf den Wandmalereien von
Beni-Hassan die braune
Schöne, die mit ihrem
kleinen viereckigen Fächer
hinter dem Hafner steht.
In den Häusern, bei der
Arbeit auf dem Felde, bei
den Bootsleuten auf dem
Nil, überall ist der schlichte
Fächer noch im Gebrauch.

Mehr noch als die
Ägypter haben den Wedel
die Hethiter, Babylonier,
Assyrer und Perser be-
nutzt. Das am oberen

Abb. 45. Mme. la Duchesse de Bantabour mit Faltfächer.
(Zu Seite 100.)

Euphrot gelegene Reich Naharina, wie es in den ägyptischen, oder Mitanni, wie es in
den einheimischen Urkunden heißt, war von den Hethitern um 1400 v. Chr. erobert
worden. Bis etwa 1120 v. Chr. nehmen sie die leitende Stellung in Nordsyrien ein.
Unter den Reliefs von Marasch, einer alten hethitischen Stadt, befindet sich ein solches,
das einen Mann mit kurzem Gewande und Schnabelschuhen darstellt, der in der einen
Hand zwei Becher und in der anderen einen Wedel hält. Besonders zahlreiche Beispiele
liefern die Altertümer aus der Zeit des assyrischen Großkönigs Aschschurnassirpal
(884—860 v. Chr.), der seine Residenz von Aschschur nach Calah, der Stätte des
heutigen Nimrud, verlegte und hier einen großen Palast erbaute, den der Engländer
Layard in den Jahren 1847 bis 1850 ausgegraben hat. Die großen Alabaster-Relief-
platten, welche die Wände des Palastes bekleideten, sind meist nach London gebracht
worden; einige sind auch in den Besitz der Königl. Museen zu Berlin gelangt. Wiederholt ist auf ihnen der prächtig gekleidete König samt zahlreichen Würdenträgern auf
der Jagd, im Kampfe mit Feinden oder als Triumphator dargestellt, und fast stets
befindet sich unter seinem Gefolge und in seiner unmittelbaren Nähe der Eunuch mit
dem Wedel, oft auch ein zweiter Eunuch mit dem Sonnenschirm. Deutlich ist zu sehen,
daß der Wedel, der einen kurzen Griff besitzt, aus gesplissenen Federn hergestellt ist.
Bringt der König ein Trankopfer dar, so hält der Eunuch, der auch den Schöpflöffel
hält, mit dem Wedel die Insekten von der Schale ab. Ebenso bemerkenswert sind die

Abb. 46. Prinzessin von Dänemark mit zugeklapptem Faltfächer.
(Zu Seite 100.)

Reliefs von Kujundschik, insbesondere die sogen. „Gartenszene", die den König Aschschurbanipal (668—626 v. Chr.) mit seiner Gemahlin beim Gelage zeigt (Abb. 24). Der Künstler hat mit realistischer Treue geschildert, wie die Eunuchen eifrig bemüht sind, von dem Herrscherpaare und den Speisen die Fliegen mittels der Wedel fern zu halten. Es ist ein Bild echt orientalischen Genußlebens, das für den Luxus und die Despotie am Hofe der assyrischen Könige recht bezeichnend ist.

Bei den Persern scheint der Wedel sogar königliches Insignum gewesen zu sein. In Persepolis, wo Darius seine Residenz aufgeschlagen und mit verschwenderischer Pracht ausgestattet hatte, zeigt eins der Reliefs, mit denen die zum Palast hinaufführende Treppe geschmückt ist, im Gefolge des vorwärtsschreitenden Königs die Eunuchen mit Wedel und Schirm, und auf einem anderen Relief steht der Eunuch mit dem Wedel bei dem Könige am Thron. Auch der Feuerfächer war in Persien stark im Gebrauch, da der Glaube verbot, das Feuer, in dem man Ormuzd verehrte, mit dem Hauche des Mundes anzufachen.

Unter den Arabern, die Persien im siebenten Jahrhundert eroberten, blieb der Gebrauch des Fächers und des Wedels bestehen, waren doch die neuen Machthaber schon in ihrer Heimat mit beiden Geräten längst bekannt und vertraut geworden. In der Folgezeit wird dem Fächer manches Lob in den Dichtungen der Dynastie der Gasnaviden gespendet. Auch in der Glanzzeit persischer Lyrik, im Zeitalter des Hafis (1300—1397), dessen Gedichte zu den Perlen der Weltliteratur gehören, wird seiner gedacht. Und in den „Elf Leila" oder den Märchen der tausend und eine Nacht, deren Uebersetzung der Kalif Mansur aus dem Persischen ins Arabische vornehmen ließ und die später in Ägypten unter der mameluckischen Herrschaft ihre Überarbeitung und Erweiterung gefunden haben, heißt es: „Für die einen ist Musik ein Wohl, für andere Medizin und für die dritten ein Fächer." Wie in der 257., so wird der Fächer auch in der 7., 15. und 19. Nacht erwähnt: die Hausmeisterin bringt dem Liebespaar, das sich ausruhen will, eine Matte, zwei Wasserkrüge und einen Fächer; der Jüngling läßt sich von den zwei Sklavinnen das Gesicht fächeln, und wieder ein anderer sitzt auf hohem Teppichsitz und hält den Fächer in der Hand. Ohne Zweifel hat das schlangen-klug e Fräulein Scheherjad den Grimm des Sultans Scheherban, der dem ganzen weib-lichen Geschlecht Rache geschworen, nicht allein durch sein erstaunliches Erzählertalent, sondern auch durch sein graziöses Fächeln in wohltätigster Weise gesänftigt. Ob sich die listige Scheherjad und die übrigen Damen des Fahnenfächers bedient haben? Ohne Zweifel! Bedeutsam ist, daß sich im Besitze der Kgl. Museen zu Berlin seit kurzer Zeit zwei koptische Fahnenfächer befinden, die in Achmin gefunden wurden und aus dem achten Jahrhundert n. Chr. stammen (Abb. 25). Da die Araber schon seit 641 als Herren in Ägypten herrschten und man in Achmin viele arabische Papyrus gefunden hat, so ist die arabische Herkunft der beiden Fahnenfächer nicht abzuweisen. Sie sind sehr fein in geldlichm Palmstroh geflochten, der eine mit einem schwarzen, der andere mit einem roten Muster. Gestreifte helle Seide und Leinen bilden die Einfassung der Fahnenblätter, deren Griffstangen aus braunen Holzstäben von 40 Zentimeter Länge bestehen.

Perser und Araber fächeln und wedeln heute noch genau so eifrig wie in alter Zeit. Nicht allein, daß die Frauen in den Harems der vielhundertjährigen Sitte huldigen, auch die Herren lieben es, sich während der Siesta mit Fächer und Wedel bedienen zu lassen. Wedel mit kostbarem Silbergriff und Fahnenfächer mit ornamentaler Gold- und Silber-stickerei auf rotem Grunde und einem Stiel von Silberblech gehören daher zum Inventar reicher persischer Häuser. Fächer und Wedel sind eben mit dem Orient fest ver-wachsen.

Es wäre befremdend, wenn sich die Damen Griechenlands und Roms nicht gefächelt hätten. Und sie haben auch wirklich gefächelt, sogar leidenschaft-lich gefächelt — die schönen Griechinnen, immer mit jener edlen Grazie, die sich selbst im tobenden Sturm der Gefühle nicht verleugnet.

Wie verkörperte Poesie muten sie an, diese schlan-ken Frauengestalten, die den alten Gräbern des böoti-schen Tanagra in Form virtuos modellierter und zart bemalter Figürchen und Gruppen seit dem Jahre 1872 siegreich entstiegen sind. Im Fluge eroberten sie die Zuneigung aller, deren Herz für Schönheit schlägt. Feinfaltig legen sich um die jugendfrischen Griechenmädchen Chiton und Himation — ein ma-lerisches Spiel von Linien und Formen! Mit seinem Takt haben die jungen Damen ihre Hände im

Abb. 47. Die Herzogin von Chartres mit aufgeklapptem Faltfächer. (Zu Seite 100.)

4*

Himation verborgen, da dies der gute Ton gebot; denn an der Art, wie das zur Straßentoilette gehörige Kleidungsstück getragen wurde, erkannte man sofort, ob jemand den gebildeten Ständen angehöre. Manche dieser träumerisch in die Weite schauenden Schönen tragen auf dem Haupte runde, originell geformte Hüte und in der Hand einen kurz gestielten Blattfächer, „Ripidion" genannt, dessen Form einer Palmette oder einem natürlichen Blatte nachgebildet ist (Abb. 26).

Der Fächer ist zuweilen in zartem Blau gehalten und von einem schmalen vergoldeten Rande, der am Griff in zwei Voluten ausläuft, oder einer schlichten farbigen Bordüre umschlossen. Einfach und schön, so bietet er sich dar, entsprechend den Gestalten, die ihn tragen. Seine Grundform ist einem natürlichen Blatte entlehnt worden; sie entspricht am meisten dem herzpfeilförmigen Blatte von Arum colocasia Linné, in neuerer Bezeichnung: colocasia antiquorum Schott. Das Blatt ist schildförmig und seine Nerven gehen von dem Hauptnerv aus. Arum colocasia war in Griechenland und Ägypten sehr verbreitet und wurde, da die Wurzel, die als Droge bekannte Aronswurzel, eßbar ist, zu den Küchengewächsen gezählt. Auch kann die Grundform dem Blatte von Aristolochia clematitis Linné, dessen Nerven radial zum Blattrande führen, nachgebildet sein. Aber eine direkte Verwendung dieser Blätter in frischem oder getrocknetem Zustande zum Fächeln ist unmöglich, da sie zu klein, zu lappig und zart sind und beim Trocknen so dünn wie Papier werden. Überhaupt ist die poetisch gestaltende Phantasie sehr auf dem Irrwege, wenn sie Lotos-, Akazien- oder Platanenblätter zu Fächern macht. Der Künstler mag in dichtender Freiheit ein solches Blatt seiner Idealgestalt in Händen gegeben haben, aber in Wirklichkeit sind die Fächer aus recht haltbarem Material, wahrscheinlich aus dünnen Holzplatten oder Leder gefertigt und dann durch Malerei verschönert worden. Auch Fächer aus Strohgeflecht werden nicht gefehlt haben. Und ebensowenig mangelte es an Fächern aus Pfauenfedern.

Pfauen wurden zuerst auf Samos in den Tempelhöfen der Juno gehalten. Von da kamen sie nach Athen und dem übrigen Griechenland. Hier ließ man sie anfangs, wie Älian erzählt, wegen ihrer Seltenheit für Geld sehen. Der Pfau war der Juno heilig, und die tausend Augen

Abb. 48. Kammerfräulein mit Faltfächer. (Zu Seite 100.)

seines Schweifes stammten noch
der Sage von dem grimmen
Argus her. Juno, eiferſüchtig
auf die ſchöne Jo, hatte dieſe
nämlich in eine Kuh ver-
wandelt und den tauſend-
äugigen Argus als Wächter
über die Verzauberte eingeſetzt.
Hermes ſchläferte nun im Auf-
trage von Zeus den Wächter
ein und hieb ihm das Haupt
ab. Juno aber übertrug die
tauſend Augen auf den Schweif
ihres geliebten Vogels.

Beſonders ſpäter, als der
Luxus ſehr geſtiegen war, wurden Fächer aus Pfauenfedern
viel getragen. Sie werden
zum erſten Male erwähnt von
Euripides (480—406 v. Chr.),
der im fünften Akt ſeines
„Oreſtes" den phrygiſchen
Sklaven erzählen läßt, wie er,
dem Brauche der Phrygier gemäß, um das Antlitz und die
fließenden Locken der Helena
einen leichten Luftſtrom durch
die Bewegung eines hübſch ge-
rundeten Federfächers erzeugte.
Manches ſchöne Kind, das un-
glückliche Liebe im Herzen trug,
weihte ſeinen runden oder
halbrunden Fächer aus Pfauenfedern der Aphrodite, ſie um

Abb. 49. Mme. La Dauphine mit bemaltem Faltfächer.
Stich nach de St. Jean. (Zu Seite 100.)

gnädigen Beiſtand anflehend. Oft mögen aus bebenden Lippen vor dem ſtarren Marmor-
bilde der unvergleichlichen Göttin die gramvollen Worte der Sappho erklungen ſein:

„Die du thronſt auf Blumen, o ſchaumgeborne
Tochter Zeus', liſtſinnende, hör mich rufen,
Nicht in Schmach und bitterer Qual, o Göttin,
Laß mich erliegen!"

Der Göttin von Paphos weihten, wie Antipater von Sidon in einem Epigramm hervor-
hebt, Anticlea und mehrere andere Mädchen ihre Fächer, und Parmenis, nach der Erzählung des Dioskorides, den ihrigen der liebenswürdigen Venus Urania.

Die Fächer ſind von der Mode nicht unberührt geblieben, denn auch in Griechenland huldigte man gern der Veränderung, wie ſich am beſten aus den Wandlungen
erſehen läßt, die der Chiton im Laufe der Jahrhunderte erfahren hat. Von den kurz-
geſtielten Blattfächern der tanagräiſchen Terrakotten läßt ſich annehmen, daß ſie zu
Ende des vierten und zu Anfang des dritten Jahrhunderts v. Chr. modern waren.

Auch beſtand die Sitte, ſich von Sklaven mit langgeſtielten Fächern fächeln zu laſſen
und ſich der Sonnenſchirme zu bedienen (Abb. 27). Und ebenſo wurde, wie die Vaſen-
bilder zeigen, der Feuerfächer, „Ripis" genannt, am Altar und am Herd des Hauſes
benutzt. Schon Ariſtophanes, wahrſcheinlich um 444 v. Chr. geboren, läßt in ſeiner
Komödie „Die Acharner" rufen: „Einen brauchbaren Feuerfächer! Flink, bring mir das

Abb. 50. Bildnis der Infantin Isabella Clara Eugenie, Gemahlin des Erzherzogs Albert.
Gemälde von Peter Paul Rubens im Pradomuseum zu Madrid.
Nach einem Kohledruck von Braun, Clément & Cie., in Dornach i. E., Paris und New York. (Zu Seite 102.)

Kohlenbecken und den Feuerfächer!" Und wenn der Tote auf der Bahre, der Sitte des Landes gemäß, ausgestellt war, dann wurde der Fächer in seiner Nähe geschwungen, damit der Leichnam nicht von Fliegen entweiht werde, und oft auch über seinem Haupte als letzte Ehrenbezeugung der Schirm gehalten. Manche Szene dieser Art ist auf Vasen und Reliefs zur Darstellung gebracht.

So ergibt sich ein ausgedehnter Gebrauch des Fächers in Griechenland, der den in unseren Tagen noch übertrifft. Phryne, die berühmte Freundin des Praxiteles, Thais und die ephyreïsche Lais haben ebenso mit kostbaren Fächern kokettiert wie unsere modernen Damen. Daß sie es verstanden, ihre Anbeter zu betören, lehrt im Trinummus (Dreigroschentag) des Plautus der von E. Koch übersetzte Monolog des ehrbaren Lysiteles, eines Jünglings von der Art Wagners im „Faust":

„Denn hat man nur erst sich ein Kätzchen erobert, gleich merkt man auch schon,
Wie das Gold aus dem Beutel verschwindet.
Dann heißt es: Wenn du mich lieb hast, so schenkst du mir das!
Darauf dann der Gimpel: So sei es mein Herz,
Du sollst es bekommen und mehr noch dazu.
So beutelt die Freundin mit Bitten ihn aus;
Sie denkt nicht ans Sparen, weil er ja bezahlt.
Sie bringt ihm ins Haus der Bedienten Schwarm,
Friseur und Garderobenfrau, Diener für Fächer und Schuh,
Für den Schmuck und zum Singen, Laufburschen dazu,
Die alle den Beutel ihm plündern.
So wird er, der jene ernährt, selbst arm.
Wenn das ich im Herzen erwäge,
Wie elend dann jener, sobald er verarmt,
So bleib' mir die Liebe vom Leibe!"

Im „Eunuch" des Terenz, der einen Einblick in das Haus der schönen Thais zu Athen gewährt, ist das Milieu nicht besser. Unter der Maske des Eunuchs Dorus hat

Abb. 51. Bildnis der Anna Wake. Stich von P. Clouwet nach A. van Dyck.
(Zu Seite 101.)

sich der listige Chaerea in das Heim der Thais geschlichen und versieht hier, während
die Mägde zum Bade gegangen sind und die Herrin abwesend ist, Fächerdienste bei
der jugendschönen Pamphila. Lachend berichtet er seinem Freunde Antipho:

„Trauf überfällt das Mädchen Müdigkeit.
Ich blicke heimlich durch den Fächer, seh' umher,
Ob alles sicher, und da nichts zu fürchten,
Schieb' ich den Riegel vor die Tür.“ —

In dem sittenlos gevordenen Rom sind die Verhältnisse ebenso anrüchig wie vordem in Athen. Der Luxus war ins Ungemessene gestiegen, und an galanten Abenteuern hatte die römische Jugend ihre Freude. In chinesischer und syrischer Seide rauschten während der Kaiserzeit die Damen einher, durchsichtige koische Gewänder, zarte Schleier, reich verschnürte farbige Schuhe vurden getragen, prächtige Coiffuren von echtem und mehr noch von falschem Haar zierten das Haupt, und Goldschmuck und Edelsteine schmückten die Gestalt. Das Flabellum, wie der langgestielte Fächer hieß, wurde samt dem Schirm den Damen nachgetragen. Wer in den Thermen gebadet hatte, ließ sich von den Sklaven oder der Dienerin fächeln. Wenn die Herrschaften Siesta hielten, traten die Fächerschwinger in Dienst. Und venn sie speisten, wurde ihnen gleichfalls Kühlung zugefächelt.

Schon auf den apulischen Vasen, den großen, prächtigen Amphoren, die meist dem dritten und zweiten Jahrhundert v. Chr. entstammen, sind in den Händen der Frauen Dutzende solcher Flabella dargestellt (Abb. 25). Der meterlangen oder erheblich kürzeren Griffstange, die oben in eine Art Kapitell mündet, ist fast immer ein Fächerblatt in palmettenartiger Form aufgesetzt. Durch Aufmalen der Nerven und Voluten ist diesem Fächerblatt, das wahrscheinlich aus einer dünnen Holzplatte, aus feinem Leder oder anderem Material bestand, der Charakter einer Palmette noch schärfer aufgedrückt. Die Verwendung von Pfauenfedern in halbkreisförmiger Anordnung um und auf einer festen Unterlage läßt sich gleichfalls aus diesen Vasenmalereien nachweisen. Besonders die Etrusker haben schon sehr frühzeitig den Federfächer bevorzugt. Die Frauen auf manchen

Grabmälern oder auf Aschenurnen erscheinen mit dem halbrunden Federfächer in der Hand, als ob sie auch im Tode noch des geliebten Kokettiergerätes nicht entbehren könnten. Große Sorgfalt scheint auf die Herstellung des Griffes verwendet zu sein; er ist meist sehr schön mit Knäufen und Kanneluren versehen, und sein Material dürfte Metall sein, denn als Erzkünstler und Goldschmiede erfreuten sich die Etrusker hohen Ansehens.

In Rom wurde mit der Zunahme des Luxus auch der Fächer immer kostbarer ausgestattet, und Gold- und Silberschmiede verden zur Kaiserzeit manche Fächerstange in edlem Metall für die Damen des Hofes gefertigt haben. Eine besondere Art Fächer von kleiner Form, mit denen sich die Damen selbst fächelten, sind die von Cold (43—47 n. Chr.) erwähnten „tabellae" gewesen. Ob sie von Holz oder Elfenbein gefertigt

Abb. 52. Der Stolz. Stich nach H. Golzius. (Zu Seite 102.)

waren, läßt sich nicht nachweisen. Vielleicht
waren sie gar, wie aus einer Stelle des
Martial (geb. um 40 n. Chr.) hervor-
zugehen scheint, mit Malerei erotischen
Charakters geschmückt. In der Elegie
über die Spiele im Zirkus heißt es bei
Ovid im dritten Buche der Liebe: „Willst
du, daß ich das Antlitz dir mit Luft angenehm erfrische? Dieser Fächer (tabella)
wird dir, wenn ihn meine Hand bewegt,
den Genuß verschaffen, es sei denn, daß
die Glut meiner Liebe dich mehr erhitzt
als die Wärme der Luft, und daß dein
Herz nur brennt in der süßen Flamme der
Liebe.“ In der „Ars amandi“ des Dichters wird gesagt: „Wie viele Liebhaber
haben nicht bei einer Schönen den Sieg
errungen, indem sie ihr mit vorsorglicher
Hand einen Polster hinschoben, die Luft
um sie mit einem Fächer bewegten oder
ein Schemelchen unter ihre zarten Füßchen
stellten.“ Auch Properz, der in seinen
Elegien verliebten Herzens die schöne
Cynthia preist:

„Blond ist ihr Haar, und länglich die Hand,
und hoch und vollkommen
Ihre Gestalt; ihr Gang würdig der Schwester
des Zeus —“

Abb. 53. Der Stolz. Nach H. Goltzius.
(Zu Seite 108.)

läßt den Fächer nicht unerwähnt. Und
die sogenannte Aldobrandinische Hochzeit,
ein römisches Wandgemälde, jetzt im
Vatikan, zeigt unter ihren anmutigen Gestalten eine, die den Fächer graziös in der
Linken hält (Abb. 29).

Es versteht sich von selbst, daß die Römer auch vom Fliegenwedel, dem muscarium,
Gebrauch machten. Martial redet von ihm:

„Daß ein häßlich Geschmeiß dir nicht die Speise belecke,
Wahret der schönste Schweif, welchen ein Vogel je trug.“

Neben den Fliegenwedeln aus Pfauenfedern kamen auch solche von der Schwanzquaste
des indischen Yak vor, waren doch die Beziehungen zum Orient immer lebendiger geworden und war doch sogar im Jahre 166 n. Chr. unter Marcus Aurelius eine Ge-
sandtschaft von Syrien aus auf dem Seewege bis nach China gelangt.

Das Kaisertum geriet in Verfall, aber in Rom fächelte man ruhig weiter. Gre-
gorius von Nazianz (gest. um 389) wettert gegen die reichen Schlemmer, die ihre Diener
benutzen, um sich bei üppigen Gelagen frische Luft zufächeln zu lassen, und Claudius
Claudianus (geb. im vierten Jahrhundert) redet von Pfauenfächern, die zu schwingen
der Beruf des Eutrop gewesen sei, der nun, nachdem er auch den Schirm getragen, als
Freigelassener anmaßend die Tribüne erstrebe. Ein Kalender vom Jahre 354, der sich einst
in der Kaiserl. Bibliothek zu Wien befand und dessen Kenntnis uns durch ein 1634
erschienenes Werk des Ägidius Bucherius vermittelt ist, gibt von sich einem Pfauenfederfächer als Emblem des Jünglings, der den Monat August darstellt, ein deutliches
Bild — ein kurzer gedrehter Griff mit einem geschuppten Hals und breitem Federbausch.

Abb. 54. Die Heirat aus Eigennutz. Stich von H. Golzius.
(Zu Seite 102.)

Um die Wende des dritten Jahrhunderts taucht auch der Fahnenfächer auf. Man findet ihn dargestellt auf dem Rest eines Goldglases, das aus den Katakomben stammt und jetzt in der Bibliothek des Vatikans bewahrt wird. Solche Goldgläser, gefunden in Gräbern aus altchristlicher Zeit, besitzen zwischen doppelten Wänden dünne Goldblättchen mit eingravierten Darstellungen. Das von uns Abgebildete (Abb. 30) zeigt eine Gruppe: eine sitzende Frau, einen Jüngling auf ihrem Schoße, und davor einen unbärtigen Sklaven, gekleidet in langem Rock und mit dem Fahnenfächer in beiden Händen fächelnd. Später, im sechsten Jahrhundert, erscheint der Fahnenfächer nochmals auf einem Elfenbeindiptychon, das einst von Karl dem Kahlen der Abtei von St. Corneille bei Compiègne geschenkt wurde und sich nun im Besitz des Kabinetts der Medaillen zu Paris befindet. In den drei von Bandwerk umschlungenen Kartuschen sieht man in der oberen das Brustbild des Philoxenus (525), in Amtstracht, ein Scepter in der Linken, während er mit der Rechten die Mappa wirft, als Zeichen für den Beginn des Wettlaufes. In der unteren Kartusche prangt das Brustbild seines reich gekleideten Eunuchs, der mit beiden Händen den Fahnenfächer hält (Abb. 31). Dieser besteht aus einer Griffstange, graviert wie das Zugenwerk einer Manier, und einem Fahnenblatte von bordiertem Stoff, belegt mit einem Lorbeerkranze. Nach der Inschrift hat Philoxenus, erwählter Konsul, dieses Diptychon dem Senat geschenkt. Handelt es sich in diesem Falle um ein Würdezeichen des Konsuls oder um eine weibische Sitte, wie sie unter den Großen in Konstantinopel eingerissen war? Und ein Eunuch auf einem Geschenk an den Senat! Das Diptychon des Philoxenus ist in der Tat merkwürdig in jeder Beziehung.

VI.

Im Mittelalter.

Nach dem Sinken des Römertums und dem Schwinden der kaiserlichen Pracht in der Weltstadt am Tiber hat der Luxus in Fächern etwas abgenommen, aber aus der Mode sind die Fächer nicht gekommen, weil sie eben notwendig waren. Selbst der neue Glaube, der sich mit unwiderstehlicher Kraft ausbreitete und, in seiner Vorliebe für asketisches Unterdrücken aller Begierden, Enthaltsamkeit von den Freuden und Genüssen der Welt predigte, hat den Fächer nicht zu verdrängen vermocht. Im Gegenteil, der Fächer findet sogar Aufnahme in den Kultus der christlichen Kirche und überdauert mit ihr die Stürme der Völkerwanderung und die Jahrhunderte. Die Geschichte der Kirche ist es auch, welche hin und wieder über den Fächer Nachricht gibt, während andere Quellen in der schweren und dunklen Zeit nach der Völkerwanderung in Europa versiegt sind.

Für den profanen Gebrauch haben damals sogar fromme Mönche, Klausner und Äbte Fächer gefertigt, weil sie zum Fristen ihres Lebens auf ihrer Hände Arbeit angewiesen waren und in dem Fächer einen lohnenden Artikel sahen, der sicher auf Absatz rechnen konnte. Wir erfahren von syrischen Mönchen, die sich in solcher Weise neben ihren frommen Übungen beschäftigten. Auch der heilige Hieronymus, den Dürer so anheimelnd in behaglicher Klause beim Schreiben gelehrter Folianten dargestellt hat, dürfte der Herstellung von Fächern nicht ferngestanden haben. Vom heiligen Fulgentius, der im sechsten Jahrhundert Bischof von Ruspium war, wird bestimmt berichtet, daß er noch als Abt Fächer aus Palmstroh geflochten habe. Und solche Fächer gelangten auch nach Rom, wo man sie zu schätzen wußte, sei es zum Fächeln der eigenen werten Person oder der nach einem frischen Luftstrom sich sehnenden Kranken.

Aber schon erheblich früher hatte die Kirche den Fächer in die Liturgie aufgenommen. Sie hat sich ja so manchen Brauch aus dem Heidentum des Okzidents und des Orients einverleibt und auch so manche Darstellung antiker Kunst zu der ihrigen gemacht — erinnert sei nur an die Umwandlung des widdertragenden Hermes, des Beschützers der Herden, in den guten Hirten, der gleichfalls das Lamm auf den Schultern trägt. Zwar ist versucht worden, solche Bildungen als ureigene

Abb. 55. Illustration aus der Folge der Maskeraden.
Nach J. de Gehn. (Zu Seite 108.)

Schöpfungen der christlichen Kirche hinzustellen, ohne jedoch den überzeugenden Beweis für diese Behauptung erbringen zu können. Um volkstümlich zu werden, war die Kirche geradezu gezwungen, bestehende Gebräuche beizubehalten, indem sie ihnen eine Bedeutung im christlichen Sinne unterlegte. So wird sich auch die Einführung des Fächers in die Liturgie zurückführen lassen auf sakrale Gebräuche des Heidentums — auf den indischen Brauch, die Götterbilder mit Wedel und Fächer gegen Fliegen zu schützen, auf den Gebrauch der Fächer bei dem während der Kaiserzeit in Rom üblich gewordenen Isisopfer und bei dem schon seit vielen Jahrhunderten eifrig betriebenen Dienste im Tempel der Vesta. Das Feuer der göttlichen Beschirmerin des Herdfeuers, des Hauses, der Familie, durfte nicht erlöschen — ewig mußte die heilige, reine Flamme, gehütet von keuschen Jungfrauen, den Vestalinnen, im Tempel brennen. Zum Anwehen der Flamme diente der Fächer. Als Emilia, eine Vestalin, einst aus Nachlässigkeit das heilige Feuer ausgehen ließ und dadurch in bösen Verdacht kam, flehte sie, nachdem alles Fächeln fruchtlos geblieben war, in ihrer Herzensangst zur Göttin, während sie zagend den Schleier über den Herd warf — und ein Wunder geschah, denn das Feuer begann sich am Schleier zu entzünden.

In den Constitutiones apostolicae, welche Clemens I. (91—100) zugeschrieben werden und deren Feststellung jedenfalls ins zweite Jahrhundert fällt, ist bezüglich der Messe angeordnet: „Zwei Diakone an den beiden äußersten Enden des Altars sollen je ein Flabellum aus Pergament, Pfauenfedern oder Zeug halten, um die kleinen Insekten abzuwehren, damit sie nicht in die Kelche dringen." Die beiden Diakone hatten also die Aufgabe, während des Meßopfers mit den Fächern alle Insekten von den heiligen Gefäßen fern zu halten und diese vor jeder Verunreinigung zu schützen, da der amtierende Priester zu sehr in Anspruch genommen war, um sich um solche Dinge zu kümmern. Der Grund für die eigenartige Bestimmung ist zweifellos dem Bestreben entsprungen, die Vorgänge am Altar zur möglichst feierlichen Wirkung zu bringen und den Laien klar zu machen, daß an dieser Stätte das Heiligste gehütet werde, dem auch der Priester nur in tiefster Ehrfurcht und unter Fernhaltung alles Unreinen sich nahe.

Es wird vermutet, daß diese kirchlichen Fächer von Anfang an aus einer langen Griffstange mit einer runden Scheibe von Pergament, Pfauenfedern oder Zeug bestanden

Abb. 56. Jagdszene. Nach Crispin de Passe. (Zu Seite 102.)

haben. Erheblich später kommen sie allerdings in dieser Form vor, ob aber schon in den ersten Jahrhunderten nach dem Erlaß der Constitutiones apostolicae läßt sich mit unumstößlicher Sicherheit nicht beweisen. Ebensowenig läßt sich Klarheit gewinnen über die Frage, ob das kirchliche Flabellum in seiner Form von dem profanen streng unterschieden war. Bemerkenswert in dieser Beziehung ist der zu Rom gefundene Sarkophag des Junius Bassus. Unter den Reliefs, mit denen er geschmückt ist, findet sich auch die Darstellung: „Hiob wird von seinem Weibe und einem seiner Freunde besucht." In ihrer Art ist die Szene ergreifend. „Und sein Weib sprach zu ihm: Hältst du noch fest an deiner Frömmig-

Abb. 57. Herbst. Illustration aus „Die vier Jahreszeiten" von Wenzel Hollar.
(Zu Seite 104.)

keit? Ja, segne Gott und stirb!" Die lang gewandete Gattin steht vor dem leidvoll Dasitzenden, hält sich mit einem Tuche oder einem Zipfel ihres Rockes die Nase zu, um nicht durch den Geruch von den Schwären des Kranken belästigt zu werden, und trägt in der rechten Hand eine Griffstange mit rauher Scheibe, die sich wie ein Flabellum ausnimmt. Die verschiedensten Erklärungen sind versucht worden — man hat sogar auf eine langhalsige Weinflasche mit flachrundem Körper geschlossen und ist dann, wohl veranlaßt durch eine Miniatur aus späterer Zeit, bei der Ansicht stehen geblieben, daß Hiobs Weib dem Gatten an langer Stange ein rundes Brot überreichen wolle. Aber von der Geste des Darbietens wie auf der Miniatur, wo das Brot die Form einer Brezel hat, läßt sich beim besten Willen nichts wahrnehmen: Hiobs Weib hält die Stange mit der Scheibe vielmehr so, wie man ein Flabellum trägt, nämlich senkrecht. Und um ein Flabellum dürfte es sich auch handeln — sie wollte mit ihm die schlechte Luft vertreiben, die von dem Kranken ausströmte. Herzlos wie sie war, hatte sie mit den Leiden des schwer geprüften Gatten kein Mitleid, denn Hiob klagt selbst: „Mein Weib stellet sich fremd, wenn ich rufe; ich muß flehen den Kindern meines Leibes." Flabella mit langen Stielen und runden Scheiben wären mithin schon in früher Zeit gebräuchlich gewesen — wenigstens im profanen Leben.

Genug, fast ein Jahrtausend ist die Vorschrift der Constitutiones apostolicae bezüglich

Abb. 58. Sommer. Illustration aus: „Die vier Jahreszeiten" von Wenzel Hollar.
(Zu Seite 104.)

der beiden Flabella am Altar gehalten worden, um dann einige Wandlungen zu erfahren und schließlich nicht mehr beachtet zu werden. Schon im elften Jahrhundert stellen die Benediktiner nur einen Diakon mit Flabellum am Altar während der Messe auf. Und die gleiche Einschränkung ergibt sich aus einem italienischen Text des zwölften Jahrhunderts, der das Leben des heiligen Peter, Bischofs von Policastro und Abt des Klosters von Cava, schildert. Als sich dann das vierzehnte Jahrhundert seinem Ende nähert, scheint der Gebrauch der Flabella in der lateinischen Kirche fast völlig eingestellt zu sein. Selten, daß sich in der Folgezeit noch Hinweise auf den kirchlichen Fächer vorfinden. Bildlich wird er wohl zum letzten Male vorgeführt in einer von J. Schoreel gemalten Miniatur aus dem sechzehnten Jahrhundert, die sich im Britischen Museum befindet; sie stellt das Innere einer Hauskapelle mit verschiedenen liturgischen Geräten dar, unter denen der langgestielte Fächer mit runder Scheibe vorn an der Wand lehnt. In Rom selbst hat sich die Benutzung bis ins fünfzehnte Jahrhundert erstreckt, wenigstens weist ein Zeremonialmanuskript aus dem Pontifikat Nikolaus' V. darauf hin. Im siebzehnten Jahrhundert schreibt der Kardinal Bona (gest. 1674): „Heute werden in der römischen Kirche dem Papst bei feierlichen Aufzügen zwei Fächer aus Pfauenfedern vorangetragen, aber es wird von ihnen bei der Messe kein Gebrauch gemacht." Dieser Brauch besteht auch noch in unseren Tagen, sonst aber sind die Flabella aus der Liturgie verschwunden.

Die vorerwähnten Pfauenfederfächer scheint man beim Aufzuge des Papstes schon im letzten Drittel des dreizehnten Jahrhunderts benutzt zu haben, denn sie werden bereits in einem 1295 unter Bonifacius VIII. gefertigten Inventar aufgezählt. Sie traten wahrscheinlich an Stelle von zwei Cherubim, dazu bestimmt, die dem Papst von Gott verliehene Gewalt auf Erden zu symbolisieren. Wie die Cherubim beschaffen waren, gibt das Inventar oberflächlich an: „Zwei große emaillierte Scheiben, ringsum besetzt mit runden Äpfeln von Silber." Die silbernen Äpfel dürften Glöckchen in Kugelform gewesen sein. Was die Schmelzarbeit auf der Scheibe vorgestellt hat, wird nicht gesagt.

Vielleicht hat sie ein Kreuz dargestellt, vielleicht auch, wie bei dem Konstantinischen Labarum, der mit dem Bilde des Kaisers belegten und vom Monogramm Christi gekrönten Kreuzesfahne, den Namenszug des Erlösers. Und da sie ihren Namen von dem Cherub, dem geflügelten Engelskopf, tragen, so kann an diesen als Schmuck ebenfalls gedacht werden.

Die Cherubim wurden also abgelöst durch die großen Pfauenfederfächer. Den Pfau betrachtet die christliche Kirche als Symbol der Auferstehung und Unsterblichkeit; denn mit dem Eintritt des Winters verliert er seine prächtigen Federn, um sie im Frühling zu erneuern, und sein Fleisch sollte, so nahm man schon im Altertum an, unverweslich sein.

Wenn in den Constitutiones apostolicae auch für den gewöhnlichen liturgischen Fächer Pfauenfedern zugelassen wurden, so hatte dies eben seinen Grund in der Bedeutung, die man dem herrlich gefiederten Vogel beimaß. Solche Flabella mit runder Scheibe aus Pfauenfedern sind in einigen Miniaturen deutlich zur Darstellung gebracht, beispielsweise in einem Manuskript der Nationalbibliothek zu Paris. Der Miniaturist veranschaulicht in seinem sauber gemalten Bildchen eine Messe des heiligen Regulus: Hinter dem Bischof, der am Altar mit der heiligen Handlung beschäftigt ist, steht der Diakon, das Flabellum mit der Scheibe aus Pfauenfedern hoch erhoben, um alle Fliegen zu verjagen und reine Atmosphäre um das Allerheiligste zu verbreiten. Ebensolche Flabella werden erwähnt im Jahre 1295 in einem Inventar von St. Poul in Loudan und im Jahre 1429 in einem Inventar der Kapelle Wilhelms von Exeter, Abtes von Bury-St. Edmunds.

Andere liturgische Fächer besaßen eine Scheibe aus Flechtwerk, Seide oder Pergament. Meist waren sie, entsprechend ihrer vornehmen Bestimmung, am Griff reich ausgestattet. Auch über sie geben die Kircheninventarien Aufschluß. So werden in einem 1214 geschriebenen Inventar von Salisbury zwei Flabella von „surto" und „pergameno" und 1346 in einem solchen von Rochester ein Flabellum von Seide mit Ebenholzgriff erwähnt.

An Stelle der Bezeichnung „Flabellum" ist in manchen Inventarien die Bezeichnung „ventilabrum" getreten, später auch „muscatorium" oder „muscifigium", abgesehen von verschiedenen anderen Ausdrücken ziemlich willkürlicher Art. In der zweiten Hälfte des vierzehnten Jahrhunderts ist das Wort „flabellum" durch die anderen Ausdrücke fast völlig verdrängt und im fünfzehnten Jahrhundert ist es aus den Inventarien verschwunden.

Unter Vermeidung der alten Bezeichnung wird in dem 1258 geschriebenen Inventar der Kirche von Amiens von einem „Ventilabrum" gesprochen, das, in Gold und Seide gearbeitet, der Kanonikus Pierre d'Eu, ein Neffe des Erzbischofs Geoffroy, als Geschenk dargebracht hatte, ferner in dem bereits erwähnten Inventar aus der Zeit Bonifacius' VIII. von einem „Ventilabrum" aus „carta" mit reich verziertem, kostbarem Griff.

Schon frühzeitig hatte man begonnen, die Flabella auch in Metall auszubilden — die Scheibe wurde aus Gold, Silber oder vergoldetem Kupfer hergestellt. Eingehender Untersuchung hat sie Chr. de Linas

Abb. 59. Kostümfigur mit Faltfächer.
Von Jacques Callot. (Zu Seite 104.)

Abb. 60. Pariser Bürgerfrau. Nach de St. Igny.
(Zu Seite 104.)

in seiner trefflichen Arbeit in der Revue
de l'Art chrétion unterzogen. Sie lassen
sich bereits im sechsten und siebenten Jahrhundert in Irland nachweisen und kommen
seit dem Ende des neunten Jahrhunderts
ziemlich häufig in den christlichen Kirchen
vor. Schon im Jahre 837 wird ein
silbernes Flabellum in der Hinterlassenschaft
des Eberhard von Hainaut, Herzogs von
Frioul, Gründers der Abtei von Cysoing,
erwähnt. In der Folgezeit werden kostbare Exemplare in den Inventarien französischer und englischer Gotteshäuser aufgezählt. Das Inventar von York aus
dem Jahre 1359 erwähnt sogar ein solches
in vergoldetem Silber mit dem Bildnis des
Bischofs in seiner Schmelzarbeit. Die Kunst
setzte eben schaffensfreudig ein, um dieses
Flabellum, dem man wegen der Metallscheibe den Namen „Diskos" gegeben hat,
so schön als möglich zu gestalten. Da die
Scheibe häufig mit einem Kreuz belegt
wurde, so spricht man auch von „Kreuz-
disken". Von höchster Vollendung in der
Ausführung sind die drei romanischen Disken im Domschatze zu Hildesheim, Arbeiten, die dem zwölften oder dreizehnten
Jahrhundert entstammen. Sie sind in
ornamental durchbrochenem Kupfer hergestellt, schwer vergoldet und mit Edelsteinen besetzt. Unter dem großen Cabochon des größten Diskos ist ein Partikelchen des Kreuzes
eingelassen. Andere Disken sind ähnlich in durchbrochener Arbeit hergestellt, da sich für
solchen Schmuck die Eckfelder zwischen den Volten des Kreuzes auf der Metallscheibe vortrefflich eigneten.

Wegen ihrer Schwere ließen sich die Disken als Fächer nicht mehr benutzen,
wiegen doch einige ohne Stangen bis nahe an drei Kilogramm. Und so wurden sie
einfach zu beiden Seiten des Altars aufgestellt oder bei feierlichen Aufzügen senkrecht
getragen. Es war aus ihnen ein episkopales Würdezeichen geworden, das in seiner Art
den Cherubim und den beiden großen Pfauenfächern des obersten Pontifex entsprach.

Die morgenländische Kirche benutzte gleichfalls die Flabello zum Dienste am Altar.
Ihre Disken stattete sie mit dem Seraph aus. Dieser wird als sechsflügelige Licht-
gestalt gebildet, entsprechend den Worten des Jesaias: „Des Jahrs, da der König Ussia
starb, sahe ich den Herrn sitzen auf einem hohen und erhabenen Stuhl; und sein Saum
füllete den Tempel. Seraphim standen über ihm, ein jeglicher hatte sechs Flügel; mit
zweien deckten sie ihr Antlitz, mit zweien deckten sie ihre Füße und mit zweien flogen
sie." Auf dem Metalldiskos ist der Seraph in getriebener oder gravierter Arbeit zur Darstellung gebracht. Die griechischen Christen nannten dieses Flabellum wie einst die
Griechen des Altertums „Ripidion", die armenischen „Quich'oz" oder „Quech'noz", die
russischen einfach „Diskos". In unseren Tagen wird in der griechischen Kirche das
„Ripidion" als Flabellum bei der Messe am Altar nicht mehr benutzt, wohl aber ein
brodiertes Tuch, das man ebenfalls „Ripidion" genannt hat. Der Priester hält es,
vierfach zusammengefaltet, senkrecht mit der rechten Hand, Zeige- und Ringfinger auf
der einen und den Mittelfinger auf der anderen Seite. Dreimal fährt er mit feierlichem
Gestus um die heiligen Gestalten her, sie alsdann mit dem auseinandergefalteten Tuche
bedeckend. Bei den Rumänen wird das wirkliche Ripidion nur noch bei dem Empor-

heben des Allerheiligsten, beim Lesen des Evangeliums und bei den Prozessionen benutzt,
denen der Erzbischof beiwohnt; in diesem Falle werden zwei Ripidia dem Zuge vorangetragen. In der armenischen Kirche wird dem Diakon bei der Ordination zwar noch
ein Luech'uoz feierlichst übergeben, aber von einer weiteren Verwendung des Gerätes im
Sinne der alten Flabella ist schon längst Abstand genommen worden. Das Gerät, dessen
Scheibe rundum reich mit kleinen Schellen bedeckt ist, wird bei der großen Messe lediglich
verwendet, um mit seinem Geklingel den liturgischen Gesang zu begleiten, und dann auch,
um an Stelle der lateinischen Meßglocke die Blicke der Gläubigen bei den Höhepunkten der
heiligen Handlung zum Hochaltar zu lenken. Der Diskos der russischen Kirche gelangt
nur noch zur Anwendung, wenn der Bischof im großen Ornat das Hochamt hält; bei der
Darreichung des Opfers pflegen zwei Diakone mit je einem Diskos dem Zelebrierenden
voranzuschreiten.

Neben den Disken ist in der abendländischen Kirche noch eine besondere Art in
Gebrauch gewesen, bei der die Scheibe nicht aus Metall, sondern aus Pergament oder
Velin bestand. Es handelt sich um einen richtigen Radfächer. Man zog das gefältelte
Blatt aus einer schmalen, seitlich offen stehenden Schutzkassette, die oben der Griffstange
aufgesetzt war, derart nach einer Seite empor, daß es auseinandergefaltet einen voll-
kommenen Kreis bildete. Woher diese Radfächer kommen, läßt sich mit Bestimmtheit
nicht sagen. Wahrscheinlich ist es, daß sie fremder Herkunft oder wenigstens unter
fremden Anregungen entstanden sind. Man hat an die Araber zu denken, unter denen

Abb. 61. Spottbild auf die Mode vom Jahre 1629. (Zu Seite 104.)

der Radfächer neben dem Fahnenfächer noch heute zu finden ist. Große Radfächer aus Papier, dicht beschrieben mit Sprüchen aus dem Koran, sind in der jüngsten Zeit von Reisenden aus den Haussaländern Afrikas, wo die Bekenner des Islam stark vertreten sind, mehrfach nach Europa gebracht worden (Abb. 32). Die Araber waren um so früher in der Lage, solche Fächer herzustellen, als ihnen ein ausgezeichnetes Papier zur Verfügung stand.

Nach den eingehenden Untersuchungen Karabaceks ist die erste Papierfabrik, in der Linnenpapier hergestellt wurde, bereits im Jahre 751 in Samarkand gegründet worden. Um 794 bis 795 geschah die Gründung der zweiten Papierfabrik in Bagdad, von wo alsbald die Weiterverbreitung des Fabrikats mit außerordentlichem Erfolge geschah. Eine Menge von Papierfabriken entstand in der islamitischen Welt. In der zu Damaskus wurde „charta Damascena" oder kurzweg „Damaszener" hergestellt, das bald mit dem Bagdader an Schönheit und Dauerhaftigkeit wetteiferte und hohen Ruf genoß. Nicht minder berühmt wurde das Papier von dem unter der Herrschaft der ägyptischen Fatimiden-Kalifen stehenden Tripolis, das nach Nâsiri Chosrau, einem zwischen 1035 bis 1042 dort weilenden persischen Reisenden, noch besser als jenes von Bagdad gewesen ist und durch spanische, fränkische, griechische und andere Kaufleute, die häufig in Tripolis Einkäufe machten, nach Europa gebracht wurde. Ebenso wird 1154 von el-Idrisi eine Papierfabrik in Spanien gerühmt, jene von Schâtiba, dem alten Sactabis, heute San Felipe in Valencia. „Man bearbeitet daselbst," sagt el-Idrisi, „Papier, wie man es in der ganzen zivilisierten Welt nicht findet, und exportiert es nach Ost und West." Daß hier schon frühzeitig Papier in Gebrauch war, geht auch daraus hervor, daß der Kalif el-Hakam II., dessen Regierung in der Zeit von 961 bis 971 fällt, bereits einen großen Bibliothekskatalog aus Heften von je zwanzig Blättern besaß. Es gab Papier bis zu einer Breite von 73,3 und einer Höhe von 109,9 Zentimeter, also in sehr bedeutenden Formaten. Die Araber benutzten Drahtformen und schöpften das Papier, so daß dieses eine außerordentliche Haltbarkeit besaß und unserem modernen Papier an Dauerhaftigkeit weit überlegen war.

Abb. 62. Venezianerin im siebzehnten Jahrhundert. Von einem Anonymus. (Zu Seite 104.)

Begegnet man in den Kirchen-inventarien des Mittelalters bei einem Flabellum der Bezeichnung „de charta", so ist die Übersetzung in „Pergament" oder „Velin", sofern unter diesem nur das aus den Häuten junger Ziegen und Lämmer hergestellte Jungfernpergament verstanden wird, sehr gewagt; denn Charta kann ebensogut arabisches Papier gewesen sein, das mit Formen von besonders feinem Drahtgewebe geschöpft war.

An kirchlichen Radfächern sind verschiedene auf unsere Zeit gekommen. An ihrer Spitze steht jener von Canosa, gelegen am Ufer des Olanto, 25 Kilometer vom

Abb. 63. Bildnis der Gräfin Amalie von Solms, Prinzessin von Oranien.
Von Anton van Dyck. Wien, K. K. Gemäldegalerie.
Nach einer Originalphotographie von Franz Hanfstaengl in München. (Zu Seite 104.)

Adriatischen Meer (Abb. 33). Es soll dieses Exemplar dem siebenten Jahrhundert entstammen und dem heiligen Sabinus, Bischof von Canofa di Puglia, gehört haben. Das
Faltblatt, dessen Durchmesser 33 Zentimeter beträgt, besteht angeblich aus Velin. Eine
mehrfarbige Dekoration, die das Blatt trägt, ist noch gut erhalten. Drei goldene und verschiedene dünne rote und blaue Streifen umschließen zwei ornamentale Motive, von denen
das obere friesartig aus kleinen roten Vasen mit losgelösten Henkeln und das untere vornehmlich aus rot, blau und weiß gefärbten Palmetten besteht. Die noch gut erhaltene
Montierung besteht aus fremdem, wahrscheinlich indischem Holz, und zwar geht die ge-
wundene Griffstange oben in den Kopf eines grimmen Drachen über, dessen geöffnetem Maul
ein korinthisches Kapitell als Stütze für die Kassette entwächst, während sie unten einen

Abb. 64. Bildnis einer unbekannten Dame. Von Bartholomäus van der Helst.
München, Pinakothek.
Nach einer Originalphotographie von Franz Hanfstaengl in München. (Zu Seite 104.)

Knauf bildet, dem sich eine geschnitzte Hand anfügt. Geöffnet besitzt der Fächer, einschließlich der Griffstange, eine Höhe von 1,07 Meter, geschlossen eine solche von 0,905 Meter.

Ob dieser Radfächer wirklich kirchlichen Zwecken gedient hat, ob er überhaupt der Zeit des heiligen Sabinus angehört, ist sehr zweifelhaft. Der Stil der farbigen Dekoration weist auf eine erheblich spätere Zeit, etwa auf das zwölfte Jahrhundert, hin.

Ein anderer Radfächer mit gefälteltem Blatte ist jener von Tournus bei Chalons (Abb. 34). Er wurde früher in der dortigen Abtei aufbewahrt und gelangte in unseren Tagen in die Sammlung Carrand zu Pisa. Das Faltblatt, 30 Zentimeter im Durchmesser, angeblich aus Pergament bestehend, zeigt auf der Außenseite in mehrfarbiger Dekoration innerhalb einer Zone von Blättern und phantastisch gehaltenen Tieren sieben Figuren heiliger Personen samt Namen. Die Innenseite weist ebenfalls sieben Figuren aus dem Kreise der Heiligen auf. Die Inschriften sind in Gold auf Purpur ausgeführt. Griffstange und Kassette bestehen aus schön geschnitztem Knochen. Auf dem Kapitell sieht man die vier Gestalten: Maria, Agnes, Filibert und Peter, hingegen auf der Griffstange Szenen und Figuren aus Vergils Bucolica und Georgica: Silen, Apollo und Admetes, Apollo und Marsyas. Die Verbindung von Heiligem und Profanem kommt in den Darstellungen frühmittelalterlicher Künstler nicht selten vor; sie macht sich auch später noch bemerkbar und steigert sich sogar in der Holzskulptur bei der Ausschmückung mancher Chor- und Beichtstühle zu recht derben Späßen.

Auch über den Radfächer von Tournus bestehen unter den kirchlichen Archäologen hinsichtlich des Alters sehr verschiedene Ansichten. Zutreffender als die Annahme, daß er dem neunten Jahrhundert angehöre, ist wohl jene, auch von Violet le Duc geteilte, welche ihn dem zwölften Jahrhundert zuschreibt.

Einige andere Radfächer mit Faltblättern aus Pergament oder Velin sollen sich noch in Klöstern der Dominikaner und Benediktiner vorfinden. Auch ist ein solcher auf einer der griechisch-italischen Fresken zu sehen, die im dreizehnten Jahrhundert in der Kapelle von San Silvestro in Capite, zugehörig zur Kirche St. Quattro Coronati in

Rom, ausgeführt vurden. In dem Wandbilde, das schildert, vie der heilige Peter und
der heilige Paul den Schlaf Konstantins des Großen bewachen, wird über dem Haupte
des Schlummernden ein Fladellum gehalten, dessen Scheibe sich unschwer als ein mit
Malerei geschmücktes Faltblatt erkennen läßt.

Radfächer mit Faltblatt, die unzweifelhaft profanen Zwecken gedient haben, sind
aus mittelalterlicher Zeit nur in einem einzigen Exemplar auf unsere Tage gelangt.
Dieses ist der vielgenannte Radfächer im Schatze des Domes zu Monza (Abb. 35). Der
Fächer hat fast während des ganzen neunzehnten Jahrhunderts als ein Vermächtnis der
625 gestorbenen Langobardenkönigin Theodolinde, Gemahlin des Königs Autharich, ge-
galten. Theodolinde, eine bayrische Prinzessin, ist um den Bau des Domes sehr bemüht
gewesen. In der Schatzkammer des ehrwürdigen Gotteshauses verden die berühmte
Eiserne Krone der Könige der Lombardei und Theodolindens Fächer, Kamm, goldfüßiger
Saphirbecher, Kameen und Krone nebst vielen anderen Kostbarkeiten schon seit Jahrhunderten sorglich gehütet. Übrigens ist die Eiserne Krone, mit der bis jetzt sechs-
undbreißig Monarchen als Könige der Lombardei gekrönt vurden, in Wahrheit ein aus
sechs Goldplatten gefügtes, mit Email, getriebenen Zieraten und dreiundzwanzig Edelsteinen geschmücktes Stirnband, dem inwendig ein schmaler Eisenring eingefügt ist, dessen
Metall von einem durch die Kaiserin Helena nach Europa gebrachten Nagel des Kreuzes
Christi herrühren soll.

Der Radfächer Theodolindens ist auf dem violetten Purpurgrunde des angeblich
aus Velin bestehenden Faltblattes mit schlichten Ornamenten in Gold geschmückt und mit
einer zwischen silbernen Streifen laufenden metrischen Inschrift in römischen Kapital-
buchstaben versehen. Die Entzifferung dieser Inschrift, die unter den Einwirkungen des
Alters schwer lesbar gevorden var, bot die größten Schwierigkeiten. Endlich aber vurden
alle Hindernisse von Professor Aigillon besiegt. Leider bot das Ergebnis eine große
Enttäuschung, denn die Inschrift stellte sich dar als die Widmung eines zärtlichen Lieb-
habers an eine Dame. Nach der gewissenhaften Angabe der rückseitigen Inschrift trug
das gefeierte Fräulein den wohlklingenden Namen Ulfeda. Man erkennt in ihm leicht
den altdeutschen Namen Elpheid. Alpheida und Alpheidis kommen gleichfalls vor. Wie
der Fächer der unzweifelhaft anmutigen Dame in die heilige Stätte gelangt ist, wissen die
Götter. In dem vom Jaher 1275 stammenden Inventar des Domes wird der Fächer
noch nicht erwähnt, vohl aber in jenem vom Jahre 1353. Auch die Dekoration des

Abb. 65. Teilfächer aus geschnitzten und mit Metallplättchen belegten Hornplatten.
Deutschland, erste Hälfte des neunzehnten Jahrhunderts. Berlin, Kgl. Kunstgewerbemuseum. (Zu Seite 104.)

Fächerblattes und die Abfassung der Inschrift weisen nicht auf ein Alter hin, das bis zur
erften Hälfte des siebenten Jahrhunderts zurückreicht. Und noch weniger die erheblich
jüngere, wahrscheinlich an Stelle einer schadhaft gewordenen Vorgängerin getretene Holz-
kassette, deren ornamentale Schnitzerei den Charakter einer ziemlich vorgeschrittenen
Renaissance trägt.

Es zerfällt also die bisherige Annahme, als ob der Fächer ehemals von der edlen
Theodolinde getragen und dann in den Dom gestiftet sei, in nichts zusammen. Immerhin
ist der Fächer von Monza nicht nur wegen seiner Zugehörigkeit zu der kleinen Gruppe
von Radfaltfächern des Mittelalters, sondern auch als Beispiel eines wirklich für den
profanen Zweck jener Tage gefertigten Fächers sehr wertvoll. Er führt uns aus
dem Kreise der kirchlichen Fächer, des Flabellum, des Kreuzdiskos und wie sie sonst heißen
mögen, in jenen des Laienfächers zurück.

Die Behauptung, daß sich der Fächer unter den Laien des Mittelalters leicht nachweisen lasse, würde zu kühn sein. Der Radfächer in Monza ist, soweit es sich um
Europa handelt, das einzige noch vorhandene Exemplar eines Laienfächers. Und was die
literarischen Nachweise betrifft, so sind sie gegen jene, welche die kirchlichen Fächer
betreffen, äußerst spärlich. Ist der Fächer vom Volke wenig benutzt worden? Sollte
man sich gescheut haben, ein Gerät im profanen Leben zu gebrauchen, das bei der
heiligen Handlung am Altar Verwendung fand? Dies kann nicht zutreffen, denn wir
haben gehört, daß der Gebrauch des kirchlichen Fächers trotz bestehender Vorschrift nur
locker gehandhabt wurde und im Laufe des vierzehnten Jahrhunderts fast ganz in Ab-
nahme kam. Sollten die Fächer zu teuer gewesen sein? Nun, die wohlhabenden Stände
des Mittelalters haben nicht kärglich genug gelebt, um sich die Anschaffung eines simplen
Fächers versagen zu müssen. Sollte die Mode dagegen gewesen sein — diese Mode,
die sich nichts Außergewöhnliches entgehen läßt und begierig alle Sonderbarkeiten und
Seltsamkeiten aufgreift, um mit ihnen zu prunken und zu herrschen? Ach nein, weder
der fromme Glaube, noch der Pfennig, noch die Mode geben eine befriedigende Erklärung.
Hören wir so wenig vom Fächer in den Händen der Damen, sehen wir bildlich so
wenig von ihm, so trägt die Schuld die Farm der Überlieferung: sie bestand im geschriebenen Wort und in der Miniatur, aber noch nicht im gedruckten Wort, noch nicht
im Holzschnitt und Kupferstich; so liegt die Schuld ferner an dem Mönchlein, das in
stiller Klosterzelle dem Treiben der Welt abgewandt war und in seinen Geistesprodukten

Abb. 86. Bemalter Seidenfächer aus Elfenbein mit Metallflitter. Deutschland, um 1790.
Berlin, Kgl. Kunstgewerbemuseum. (Zu Seite 104.)

Abb. 67. Bemalter Fächer aus Elfenbein und Papier. Deutschland, um 1750.
Berlin, Kgl. Kunstgewerbemuseum. (Zu Seite 110.)

wenig und nur mit frommem Schauder der Damen und des weltlichen Tanzes gedachte. Allzuviel erfahren wir überhaupt nicht über die Geschehnisse, die sich von der Zeit der Völkerwanderung bis in das Mittelalter hinein in wechselvollem Getriebe abgespielt haben; ein Nebel breitet sich über diese Epoche europäischer Kultur, in dem sich nur schwer die Umrisse und um wieviel weniger die Einzelheiten erkennen lassen.

Zu wunderbar wäre es, wenn der Fächer, der Liebling der Damen und der Faulenzer der römischen Kaiserzeit, im fünften oder sechsten Jahrhundert plötzlich von der Bühne des gesellschaftlichen Lebens im Süden und Westen Europas abgetreten wäre, wiewohl die Sonne noch just so heiß wie früher strahlte und die Gefallsucht sich um nichts vermindert hatte. Mögen auch wie eine gewaltige Welle die fremden Völkerstämme die römische Halbinsel überflutet haben, so waren doch diese Elemente eifrig bestrebt, sich nach Möglichkeit den feineren Sitten und Gebräuchen der Besiegten anzupassen, und wir wissen, daß die Überwundenen eigentlich als Sieger aus dem kulturellen Kampfe hervorgingen. Auch die Verbindungen mit dem Orient waren rege geblieben und gestalteten sich mit der Zeit immer inniger, zumal das mächtige byzantinische Kaiserreich die feinsten Genüsse des Lebens bot, die kostbarsten Prachtstoffe und Gegenstände der Toilette lieferte und als Mittelglied zwischen den übrigen Europa und Asien diente. Nicht zu vergessen die Nähe der nordafrikanischen Küste und der Einfluß der arabischen Reiche Spaniens, von denen sich besonders Spanier und Provençalen so manche Anregungen geholt haben. Wie staunten die französischen Ritter, als sie gegen Ende des elften Jahrhunderts als Bundesgenossen des Königs Alfonso VI. von Kastilien in die Stadt Toledo eindrangen und die geistige und gesellige Bildung der besiegten Moriskos wahrnahmen! Was sie bewunderten, waren kühle, märchenhaft schöne, im Glanze buntgoldiger Fliesen schimmernde Hallen, farbenreiche, prächtig gemusterte Knüpfteppiche, schattige Höfe mit plätschernden Wassern, üppiger Rosenduft, weiche Seidengewänder und fächelnde Fahnenfächer. Silbern schaute der Mond in diese Zauberwelt, aus der Lied und Saitenklang und der Nachtigall bezaubernder Schlag empordrangen. Die spanische und französische Ritterschaft nahm neue Bildungselemente mit in die Heimat, und in der Provence hebt die fröhliche Zeit der gaya scienza, der ritterlichen Dichtkunst, der unvergänglichen Lieder der Troubadours an. Nun auch beginnen die Minnehöfe ihr neckisches Spiel,

Abb. 68. Bemalter Fächer aus Pergament und Perlmutter. Deutschland, um 1750.
Berlin, Kgl. Kunstgewerbemuseum. (Zu Seite 110.)

die Romantik treibt zur Blüte, Frauengunst wird die Parole, und selbst der schlichte
Elfenbeinschneider schnitzt, von Begeisterung erfaßt, ritterliche Stürme auf die von holden
Frauen bevölkerte Minneburg. Sehen wir auch den Fächer nicht, so sagt uns doch
unser poetisches Empfinden, daß er dagewesen ist und mit seinen sanften Schwingungen
die feurigen Herzen unter den Kettenhemden zu lodernden Flammen entfacht hat.

Auch damals gab es eine Menge Enterbter — sie werden den Fächer nicht benutzt haben. Aber die Damen des Adels und des Patriziats und noch mehr jene des
Hofes und des fürstlichen Kreises haben ihn mit Grazie geführt. Zu Hilfe kommen uns
auch die im vierzehnten Jahrhundert aufgenommenen Inventarien über den Besitz oder die
Hinterlassenschaft königlicher Personen. Bereits im Jahre 1316 wird in einem Inventar
der Gräfin Mahaut von Artois ein Fächer (esmouchouer) mit einem Handgriff, ganz
von Silber, angeführt. Im Jahre 1328 kommt in dem Inventar der Königin Clémence
von Ungarn, Gemahlin Ludwigs X. von Frankreich, ein Fächer von brodierter Seide
vor. Das Testamentsverzeichnis der Königin Johanna d'Evreux, Witwe Karls IV., vom
Jahre 1372 nennt einen Fächer von Goldstoff, geschmückt mit den Wappen von Frankreich und Navarra, samt einem Stabe von Elfenbein. Und im Inventar Karls V. vom
Jahre 1380 werden aufgezählt: ein zusammenlegbarer, mit den Wappen von Frankreich und Navarra versehener Elfenbeinfächer von runder Form an einem Ebenholzstabe,
drei Banner von geschnittenem Leder, von denen zwei vergoldete Silberstäbe besitzen, und
zwei mit Lilien und Perlen bestickte Banner von Frankreich, um, wie es wörtlich heißt,
den König, wenn er bei Tafel sitzt, zu fächeln.

In den Inventarien sind also mehrere gestielte Blattfächer, ein zusammenlegbarer
Elfenbeinrabfächer, wie er seit langer Zeit in China und Indien bekannt ist, und fünf
Fahnenfächer, denn als solche haben die Banner zu gelten, sämtlich unter Angabe ihres
kostbaren Materials verzeichnet. Griffe von Silber, Ebenholz und Elfenbein, brodierte
Seide, Goldstoff, Elfenbein, geschnittenes Leder, Stickerei und Perlen — prächtiger können
die Fächer kaum sein! Und noch etwas Bemerkenswertes wird mitgeteilt: die meisten
dieser Fächer waren auf ihrem Blatte dekoriert mit Lilien, mit den Wappen von Frankreich und Navarra, mit heraldischem Schmuck von unzweifelhaft edelster Ausführung.
Mithin sind schon damals die Fächerblätter mit den Mitteln der Malerei und Stickerei
verschönt worden, um sie zu einer möglichst angenehmen Augenweide zu machen.

Diese Beispiele mögen als Beweis genügen, daß unser poetisches Empfinden sich nicht getäuscht hat. Die Fürstinnen haben mit zarter Hand gefächelt, und Se. Majestät haben sich vie der Beherrscher der Moriskos und vie der indische Nabob fächeln lassen — für die Mitglieder des Hofes, des Adels und für alle Damen, die zu der vornehmen Gesellschaft gehören vollten, Grund genug, um auch zu fächeln und sich fächeln zu lassen. Der Fächer var eben in Mode — Mode, deren wesentlichstes Lebenselement gerade in dem heißen Bemühen der Kleinen besteht, die Großen in Kleidung und Allüren zu kopieren.

Drei der Fahnenfächer Karls Ⅴ. von Frankreich besaßen Fächerblätter von geschnittenem Leder. Wer die Technik nicht kennt, könnte die Nase rümpfen — Leder! Nun, das mittelalterliche Kunsthandwerk hat gerade in der Behandlung des Leders, im Schneiden, Ritzen, Treiben und Pressen des geschmeidigen, schönen Materials Bewundernsvortes geleistet. Deutschland, Italien, Frankreich und Spanien sind groß in dieser Technik gewesen. Vielleicht ist zu den Fächerblättern auch Guadamasil aus dem spanischen Gadames oder aus Cordova, vo die betriebsamen Mauren schon frühzeitig die Technik in glänzendster Weise entwickelt hatten, verwendet vorden. Guadamasil ist gepreßtes, bemaltes, vergoldetes und versilbertes Leder, das als spanische Ledertapete veltberühmt geworden ist. Von Spanien und Sizilien verbreitete sich diese unzweifelhaft maurische Technik nach Italien, den Niederlanden, Frankreich, Deutschland und England. Aus cordoban de ambar, Leder, das mit Ambra durchduftet var, wurden auch Handschuhe gefertigt, und während vieler Jahrzehnte, noch zur Zeit Philipps Ⅳ., sind diese spanischen Handschuhe von den Damen bevorzugt vorden, obvohl Italien emsig bemüht var, in „guanti odoriferi“ starke Konkurrenz zu machen. Philipp Ⅳ. sandte sogar fürstlichen Personen, insbesondere Damen, kostbar gearbeitete, geräumige Kassetten, die mit Cordodaues und parfümierten Handschuhen gefüllt varen, als Geschenke. Spanien ist eine Säule des Kunsthandwerkes in mittelalterlicher Zeit gewesen, und auch der Fächer wird davon Nutzen gezogen haben.

Und nun das Ergebnis unseres Spürens nach dem Fächer im Mittelalter: es bedient sich des Fächers nicht nur die Kirche zum Dienste am Altar, sondern auch die Dame der begüterten Stände, vornehmlich im heißen südlichen und westlichen Europa, dann auch in den Niederlanden, England und Deutschland, zum Schutz gegen die Sonne, zum Fächeln und zum Kokettieren. Ja, die Vermutung erscheint nicht unbegründet, daß auch

Abb. 69. Fächer mit Malerei auf Pergament, Stäbe aus Elfenbein und Perlmutter. Deutschland, Mitte des achtzehnten Jahrhunderts. Berlin, Kgl. Kunstgewerbemuseum. (Zu Seite 110.)

der Grandseigneur zuweilen zum Fächer gegriffen hat, um Kühlung zu finden, und
gewiß ist, daß sich so mancher gebietende Herr das „Banner" oder den gestielten Blattfächer von seinen dienstfertigen Trabanten über dem Haupte hat schwingen lassen, denn es
galt, die Freuden der Tafel unbehelligt von Fliegen, Speisegeruch und Hitze zu genießen.
Jener Karl V. von Frankreich bietet ein treffendes Beispiel. Die Geschichte des Fächers,
auch als eines Laiengerätes, setzt sich mithin von den Tagen des Altertums bis zu jenen
der Renaissance in ununterbrochener Folge fort, vollkommen entsprechend Sylvain Moré-
chals treffenden Worten: „L'éventail d'une belle est le sceptre du monde."

VII.
In der Zeit der Renaissance.

Die Epoche der Renaissance hat in Italien begonnen und erweist sich auch dem
Fächer günstig, denn der feinere Lebensgenuß, die leichte, gefällige Sitte und der gesellige
Verkehr im Salon üben in steigendem Maße ihren Zauber selbst auf die trotzigen Be-
wohner ritterlicher Bergfesten aus.

Mit der Kraft und der Rührigkeit des öffentlichen Getriebes paart sich in den tos-
kanischen und lombardischen Republiken der mächtig erwachte Drang zur Pflege der
Kunst, um die Städte, diese Mittelpunkte des Handels, die reich an Schätzen geworden
sind, mit monumentalen Werken der Baukunst, der Malerei und der Bildhauerkunst zu
schmücken. In Pisa und Siena wird gebaut, gemeißelt und gemalt, in Florenz der
schönen Stadt am Arno, führen Cimabue und Giotto freudig den Pinsel, lehrt Casella die
musikalische Harmonie und fördert Brunetto Latini eine glänzende Beredsamkeit, die
Venezianer beginnen den Bau ihres Dogenpalastes, und in Verona erstehen bald die
großartigen, gewaltigen Grabmäler der Scaliger.

Glänzende Gestirne: Dante, Petrarca, Boccaccio, sind am literarischen Himmel
aufgetaucht. Schöne Frauen sind die Sonnen, von denen sie Wärme und Begeisterung
empfangen. Mit ihren Namen sind unlöslich jene von Beatrice Portinari, Laura de Sade
und Donna Maria von Außon verbunden. Der Donna Maria widmet Boccaccio seine
Romane, und am Hofe der galanten Königin Johanna von Neapel liest er im glänzen-

Abb. 70. Bemalter Fächer aus Papier und Elfenbein. Deutschland, achtzehntes Jahrhundert.
Berlin, Kgl. Kunstgewerbemuseum. (Zu Seite 110.)

Abb. 71. Bemalter Fächer aus Pergament und Elfenbein. Deutschland, um 1750.
Berlin, Kgl. Kunstgewerbemuseum. (Zu Seite 110.)

den, üppigen Kreise unter blühenden Bäumen und lachendem, blauem Himmel seine
berühmten Novellen vor, welche nachmals im Dekameron vereinigt wurden.

Immer energischer streifen die Geister die Banden mittelalterlicher Beschränkung ab,
um im schnellen, jubelnden Ansturme sich tiefer philosophischer Gedanken und glänzender
Kunsterzeugnisse einer versunkenen heidnischen Welt zu bemächtigen. Freier und fröhlicher
werden die Lebensanschauungen. Am Hofe der Medici, dann auch an jenem der Este in
Ferrara bilden die Frauen den Mittelpunkt des geselligen Lebens; sie nehmen an den gelehrten Unterhaltungen der Männer teil, sie dichten, sie reden über Plato, sie schwärmen
für die Kunst, aber sie schmücken sich bei alledem mit den verführerischen Reizen kostbarer Seidenstoffe, duftiger Schleier, blitzenden Goldes, edler Steine und schimmernder
Perlen, denn ihr Haupttrachten ist und bleibt — zu gefallen. Und sie siegen überall,
sogar in dem heiligen Rom. Ein Palizian und andere Männer von Bedeutung halten
es nicht für unwert, sogar La della Simonetta, die Geliebte des Giuliano de' Medici,
der 1478 bei der Verschwörung der Pazzi ermordet wurde, in schwungvollen Reden und
Versen zu verherrlichen.

Die frühere Einfachheit ist geschwunden, reich und vornehm erscheinen die Gemächer;
das Beispiel der feinsinnigen Isabella d'Este, einzelne Zimmer und Säle des Palastes mit
Gemälden zu schmücken, hat begeisterte Nachahmer gefunden, und die Kunst tritt aus
dem Dienste der Kirche in das volle, frisch pulsierende Leben. Frauenschönheit, festlicher
Glanz, weltliches Glück werden von nun an für viele Meister bevorzugte Vorwürfe des
Schaffens. Sandro Botticelli malt nicht nur Heiligenbilder, er malt einen Hymnus auf den
Frühling, malt Stoffe aus der heidnischen Mythologie, sogar die Geburt der Aphrodite, und
malt Bildnisse, unter denen das der Bello Simonetta nicht das schlechteste ist. Und
mehr noch wie er huldigen dem Wechsel die jüngeren Genossen. In farbenprächtigem,
sonnenbestrahltem Triumphzuge, über dem der Genius der Aufklärung schwebt, naht
man sich dem sechzehnten Jahrhundert. Und als die Grenze überschritten ist, erschließen
sich die Blüten des Lebensbaumes zur vollsten Pracht, um köstlichen Duft verschwenderisch
weithin zu senden. So berückend und überwältigend ist er, daß sogar betagte Männer
hingerissen werden und den greisen Michelangelo Schmerz ergreift bei dem Gedanken, ihn
nicht genug genossen zu haben. Des Meisters Brust entringt sich die bittere Klage:

„Zu spät, o Welt, lern' ich erkennen den Inhalt deiner Freuden!"

Wie hätte da die Göttin Mode nicht jauchzen sollen! Sie schüttelte in froh-
lockendem Jubel ihren farbenschillernden, prächtigen Mantel, daß er weithin tausend
zündende Funken sprühte. Gespannt schauten die Völker Europas nach Italien, wo die
Königin thronte. Diese italienischen Seiden, diese kostbaren Brokate, diese leuchtenden
Farben, diese punti tirati und tagliati, diese ausgezeichnet gearbeiteten Litzenspitzen und
Reticellaspitzen, denen immer kostbarere Nadelspitzen folgten, bis endlich die Relief- und
Rosenspitze der Venezianer als höchster Trumpf erschien, bezauberten alle Grazien, mochten
sie französisch, englisch, deutsch oder polnisch reden.

Aber der Fächer? Nun, für ihn beginnt erst recht ein lustiges Leben. Matrona,
signora, madonna, sposa und donzella, podestaressa, podestessa und capitanessa, die ganze
ehrenwerte Gesellschaft nimmt das farbenfröhliche Ding in Händen. Man kann überzeugt
sein, daß die Fornarina, Raffaels schöne, klaräugige Geliebte, und Mario da Bibiena,

Abb. 72. Bemalter Fächer aus Perlmutter und Papier. Deutschland, 18.—19. Jahrhundert.
Berlin, Kgl. Kunstgewerbemuseum. (Zu Seite 110.)

Raffaels junge Braut, und selbst die hehre Vittoria Colonna, an der sich Michelangelo
begeisterte, an die er formvollendete, tiefsinnige Sonette richtete, gefächelt haben. Und wenn
Niccolo Macchiavelli sein diabolisch-glänzendes „Buch vom Fürsten" wie mit „Satanae
digitis", mit Teufelsfingern, schrieb, so hat er fraglos unter der Suggestion einer listigen,
mit weichen Katzenpfötchen begnadeten Fächerin gestanden; denn auch damals konnte man
kalt lächelnd fragen: „Où est la femme?"

Diese Franen, sie hatten überall ihre Hand im Spiele, in Rout, Florenz, Venedig,
Mailand, und ihr Feldgeschrei war: „In tyrannos!" Geradezu siegesbewußt nehmen
sie sich aus, Unterwerfung heischend im Namen der Schönheit. Wie sie stolz und durch-
dringend blickt, die edle Frau, welche Lorenzo Lottos Meisterhand in der ersten Hälfte
des sechzehnten Jahrhunderts in dem jetzt in der Brera zu Mailand befindlichen Bildnis
(Abb. 36) lebenswahr geschildert hat! Wie überlegen, junonisch und mächtig steht Paris
Bordones herrliche Violanta (Abb. 1) in dem Prachtwerke der alten Pinakothek zu München
da! Und wie selbstbewußt in der K. K. Gemäldegalerie zu Wien Lavinia Sarcinelli, Tizians
genußfreudige Tochter (Abb. 37 u. 38), die der Vater mit dem ganzen Farbenzauber
seines Pinsels umgeben hat! Alle sind sie mit dem Federfächer bewaffnet. Tizians Tochter
trägt ihn nach der Mode der Zeit an langer, goldener Gürtelkette. Er war ja reich,

Abb. 73. Die große Toilette. Stich von A. Romanei nach J. M. Moreau. (Zu Seite 110.)

der kluge Malerfürst, und verstand das Geschäft, sogar den Holzhandel. Gold, Gald und wiederum Gald ist der Refrain aller seiner Briefe, die er an seine hochmögenden Gönner schrieb. Als er das schöne Töchterlein im Jahre 1555 an Cornelio Sarcinello von Serravalle verheiratete, konnte er ihm 2400 vollwichtige Dukaten und eine kostbare Perlenschnur zur Mitgift geben.

Vorwiegend zeichnet sich damals Venedig durch ungemessene Prachtliebe aus. Schon im fünfzehnten Jahrhundert besaß die Stadt an der Adria mehr als tausend Nabili, die ein jährliches Einkommen von mehr als 4000 bis 70 000 Dukaten besaßen. Es ist, als ob die Entdeckung des Seeweges nach Ostindien (1498) und das Vorrücken der Türken vorläufig noch keinen lähmenden Einfluß auf den Welthandel der großen Venezia ausübten. Noch ging es in den Palästen am Canale grande hoch her, noch brachten

Abb. 74. La Dame du palais de la Reine. Stich von P. A. Martini nach J. M. Moreau.
(Zu Seite 110.)

von schwankender Gondel aus die Kavaliere bei zitterndem Mondlicht und Sternenglanz
ihren Damen sorgenlos ein schmetterndes Ständchen dar, noch klang der Ruhm der
Königin des Meeres in aller Munde. Ja, der gewaltige Sieg, der am 7. Oktober 1571
über die Türken in der berühmten Seeschlacht bei Lepanto erfochten wurde, schien für
die Lagunenstadt eine neue Ära der Macht zu begründen. Paolo Veronese, schon 1555
nach Venedig berufen, vollführte den Auftrag, die glorreiche Waffentat zu verherrlichen.
Als ein Zeuge vergangenen Glanzes prangt das Gemälde an der Thronwand der Sala
del Collegio. Die verschwenderischen biblischen Gastmähler, diese Apotheosen der Farbe
und der Schönheit, die der Künstler schuf, was sind sie anderes als prunkvolle Tafel-
szenen, heitere Symposien vornehmer Damen und Kavaliere, aus dem Leben des da-

Abb. 75. Der eiferſüchtige Harlequin. Stich von Quentin Pierre Chedel nach A. Watteau.
(Zu Seite 114.)

maligen Venedigs! Wie man in Prunk und Pracht lebte, bezeugen auch die Hiſtoriographen
jener Zeit. Als König Heinrich III. von Frankreich, der letzte Herrſcher aus dem Hauſe
der Valais, bei ſeiner Rückkehr aus Polen in Venedig eintraf, wurde er im Saale des
großen Rates von zweihundert der ſchönſten Frauen der Stadt empfangen, die einen ſolchen
Luxus entfaltet hatten, daß ſelbſt der königliche Gaſt, der doch an üppiges Leben gewöhnt
war, ſtaunte. Alle dieſe Damen rauſchten in ſchwerer, weißer Seide dahin und glänzten
an Buſen, Schultern und Haupt in den koſtbarſten Edelſteinen und Perlen, deren Wert
bei manchen mehr als 50 000 Taler betrug.

Seide war der Lieblingsſtoff der vornehmen Frauen, und ſanft ſchimmernde große
Perlen galten ihnen noch mehr als Rubine, Diamanten und Saphire. Wenn am Himmel-

Abb. 76. Studie von A. Watteau.
(Zu Seite 114.)

fahrtstage im Andenken an den glorreichen Zug des Dogen Peter II. Orselo, der an ebendemselben Tage des Jahres 1000 gegen die Slawen aufgebrochen war, die Vermählung des Dogen mit dem feierlich rauschenden Meere unter brausendem Jubel der Volksmassen stattfand, dann erreichte der Reichtum der Toiletten seinen Höhepunkt. In Schnitzerei, Farben und Vergoldung prangend, schleppte die Staatsgondel, von deren Plattform der Doge, umgeben von seinem Gefolge, den Ring in die salzige Flut warf, leuchtende Purpurseide und schwerfaltigen roten Sammet in dreier Masse nach, als ob ein Meergott daherziehe. Und wie das Fahrzeug im verschwenderischen Schmuck, so auch die edlen Frauen des Patriziats, an ihrer Spitze die Dogaressa. Aus allen Himmelsgegenden strömten Fremde herbei, um sich an dem Schauspiel zu weiden.

Noch gesteigert wurde das blendende Getriebe des Festes durch die althergebrachte Sitte, an diesem Tage die Hochzeiten zu feiern. In weißer Seide und mit einem schwarzseidenen Überwurfe, der hinten lang herabwallte, zogen die Bräute mit den Hochzeitsgästen in den Gondeln über die Kanäle nach S. Marco und den übrigen Gotteshäusern der Stadt. In der Rechten trug die Braut, so wollte es der Brauch, einen Fahnenfächer, mit langer, kunstreich gearbeiteter Silberstange und kostbarem Fächerblatte aus Elfenbeingeflecht, dem ausgeschnittenes Pergament mit Goldfäden aufgesetzt war und Flocken- oder Spitzenbesatz eine reizvolle Umrahmung gab. Sie nannten ihn später, als das Spanische eine Weile modern war, „abanico di noria" und sahen darauf, daß er möglichst weiß war, denn weiß ist die unbefleckte Jugend.

Tizian hat dem Fahnenfächer jener Tage ein ewiges Denkmal gesetzt. Jeder kennt das Bildnis der jungen, liebreizenden, blonden Venezianerin in der Kgl. Galerie zu Dresden, das Rubens zu der trefflichen Kopie in der K. K. Galerie zu Wien begeistert hat. In tief ausgeschnittenem, weißem Atlaskleide, das Mieder, die Manschetten und die Schulterpuffen der engen Ärmel mit gestickten Streifen besetzt, um den Hals eine Perlenschnur und in den Ohren Perlengehänge, so tritt Venedigs holde Tochter, übergossen vom frischesten Glanze der Jugend, lebenswarm aus dem dunklen Gewoge des Hintergrundes hervor. Ihre Linke hat das Kleid gefaßt und ihre Rechte hält mit zierlicher Stellung der schlanken Finger den langen Silberstab des Fächers, dessen Fähnchen im Rautenmuster zeigt. Aus den schmalen, dunklen Augen der Signora blitzt das Feuer und um den fein geformten Mund huscht der Schalk. Trieb sie ihr loses Spiel mit dem Fähnchen, so mag mancher Signor, der unentwegt in der Feldschlacht gestanden, bedingungslos kapituliert haben.

Um zu erkennen, wie modern und mehr noch: wie beliebt der Fächer im damaligen Italien war, hat man nur Césare Vecellios Trachtenbuch zur Hand zu nehmen. Das reich illustrierte Werk, an dem auch deutsche Holzschneider mitgearbeitet haben, wurde 1590 in der venezianischen Druckerei von Damian Zenaro gedruckt. Einige wenige Exemplare wurden herausgegeben mit Holzschnitten, die mit der Hand koloriert waren. Nur zwei von ihnen sind noch bekannt: das eine befindet sich in der Nationalbibliothek zu Florenz und das andere in der Kgl. Bibliothek zu Stuttgart. Es leuchtet ein, wie wichtig sie zur Kenntnis von den in damaliger Zeit bevorzugten Farben der Toiletten und des Fächers sind. Hinzutritt zu den Bildern ein erklärender italienischer Text, der

von dem gesellschaftlichen Leben der Damen, insbesondere jener Venedigs, manche reizvolle Schilderung entwirft.

Nicht ohne Genugtuung läßt sich aus diesem Trachtenbuche erkennen, daß die
bizarre Geschmacklosigkeit der spanischen Mode, die seit der Mitte des sechzehnten Jahrhunderts infolge der weltbeherrschenden Stellung Spaniens großen Anhang in Europa,
vornehmlich im Bereiche der Fürstenhöfe und beim Adel, gefunden hatte, von dem fein-
geschulten Geschmacke des italienischen Patriziats zurückgewiesen wurde.

Die engen, aus Seide gestrickten Hosen der Herren, oben mit der ausgestopften kurzen
Pumphose, deren beide Hüftkissen am Wams angenestelt wurden, und die spitzen, ge-
schlitzten Schuhe machten noch hingehen, zumal bei einem schlanken, wohlgeformten Bein;
aber das Wams mit seinen wattierten, nach oben dick anschwellenden Ärmeln samt Schulterpuffen und mit seinem riesigen Brustkissen, das tief auf den Bauch herabhing und den
Anlaß zu der spöttischen Bezeichnung „spanischer Gänsebauch" gab, war geradezu
fürchterlich. Dazu steife, bis unter das Kinn reichende Mühlsteinkrausen oder spanische
Krausen, ein spitzer Knebelbart, kurz geschorene Haare, ein schief aufgesetztes Duodez-
hütchen, an der Seite ein mehr als meterlanger Stoßdegen — und der ingenioso Hidalgo
Don Quijote de la Mancha, über den Cervantes die unerschöpfliche Schale seines Witzes
in sprudelnder, sprühender Kaskade ausgießt, war fertig.

Die Damen nahmen sich in der spanischen Toilette kaum besser als die Herren aus.
Von den steifen Krausen, der hohen Haartracht, dem kleinen Hütchen mit dem Schleier,
der tief herab gesenkten Schneppe des Mieders und den vielfach gepufften Ärmeln ist
nicht viel des Guten zu sagen, noch weniger von dem kegelförmigen Reifrock, über den
zwei Kleider so völlig glatt gespannt wurden, als sei der textile Stoff zum Brett geworden.

Dieser nichtswürdige Reifrock! Und doch schwärmten die Damen von halb Europa
für ihn. Als Sancho Pansa Statthalter geworden ist, ruft seine Gattin begeistert:

Abb. 77. Der Mittag. Stich von N. de Larmessin nach N. Lancret. (Zu Seite 114.)

„Herr Pfarrer, forscht mir doch schleunigst aus, ob es hier nicht einen gibt, der nach Madrid geht oder nach Toledo, daß er mir einen runden Reifrock kauft, recht und gerecht, nach der Mode, und so schön man ihn nur haben kann, denn, meiner Seel', ich vill der Statthalterschaft meines Mannes, so viel ich nur immer kann, Ehre machen.“

Ein Glück, daß der Don Quijote in die Reifrock-Begeisterung hineinfuhr und die Lacher auf seine Seite brachte. Wie er wirkte? Nun, Philipp III. bemerkte eines Tags vom Balkon seines Palastes herab einen Studenten, der in einem Buche lesend am Manzanares lustwandelte, jeden Augenblick innehielt, Luftsprünge machte, mit den Händen kabriole und in ein schmetterndes Lachen ausbrach. Nachdem der König den jungen Mann eine Weile beobachtet hatte, rief er aus: „Wahrlich, der Student ist ein Narr, oder aber er liest den Don Quijote!“

Die Italienerinnen haben dem Reifrock nicht sehr gehuldigt und hüteten sich auch, die Kleider straff darüber zu spannen, und gar die Mühlsteinkrausen zu tragen; sie hielten im wesentlichen an ihrem malerischen Prinzip freien, ungezwungenen Faltenwurfes fest, das künstlerische Element in Übereinstimmung mit ihren großen Malern nach wie vor wahrend.

An Fächern kamen nach dem Vecellioschen Buche drei Arten vor: der Federfächer, der Fahnenfächer und ein Fächer, dessen Blatt anscheinend in Falten gelegt war.

Dem Federfächer gab man vornehmlich in Ober- und Mittelitalien den Vorzug, tons aber nicht ausschließt, daß er auch in Unteritalien getragen wurde. Das Material bildeten gefärbte Straußenfedern, hübsch über kurzem Handgriff in blatt-, touffe- oder selbststraußartiger Form geordnet.

Die Bezugsquelle für Federn var das nördliche Afrika, wo der Strauß noch nicht so dezimiert var vie jetzt. Gerade der wilde nordafrikanische Strauß dietet Flügelfedern, die an elastischer Spannkraft und an Vollwüchsigkeit und gefälligem Gelock des Bartes jene des südafrikanischen Vogels und gar des gezüchteten Tieres veit übertreffen. Und das Färben dieser Federn verstanden die Italiener vorzüglich; sie standen schon lange vor dem fünfzehnten Jahrhundert an der Spitze der Färberei, auch in der Seide, trotz der unleugbaren Verdienste der Gobelins in Paris, deren Stammvater Gilles Gobelin wohl der erste Franzose var, der den italienischen Färbern die Spitze zu bieten suchte. Die Italiener übten auch das schwierige Verfahren, die Federn glänzend schwarz

Abb. 79. Bemalter Pergamentfächer mit geschnitztem Elfenbeingestell. Holland, um 1750.
Berlin, Kgl. Kunstgewerbemuseum. (Zu Seite 115.)

zu färben, und sie verstanden schon bestens, den gesprenkelten Federn die dunklen Stellen
zu entziehen, sie zu „dekolorieren", so daß der Bart völlig weiß wurde und alsdann
fleckenlos eine zarte, helle Modefarbe annehmen konnte.

An den Fächern ist deutlich zu sehen, wie das Bestreben vorgewaltet hat, die Federn
zur Farbe der Robe zu stimmen. Zur roteidenen Robe der Signora von Mailand ist
ein Fächer mit roten Federn, zu der dunklen Seidenrobe, welche die Dame zu Castello
während der Fastenzeit und beim Kirchgange trägt, ist ein Fächer mit tiefblauen Federn,
zu der braunen Robe einer anderen Dame ein Fächer mit braunen Federn gewählt. Es
zeigt sich eben in allem ein ausgebildeter feiner Geschmack.

Die Touffe-Form, ähnlich unserem Flederwisch, ist anscheinend am beliebtesten gewesen. Bei der flachen Blattform sind die Federn in mehreren Etagen übereinander
angeordnet, die kleinsten natürlich zuerst. Oft ist ihnen der Umriß eines Halb- oder
Dreiviertelkreises, oft auch der eines spitzwinkligen Dreiecks gegeben, dessen spitzester
Winkel im Griff steckt. Die Form in Art eines pyramidal und locker gebundenen Feld-
blumenstraußes von erheblicher Größe, wie ihn Tizians Tochter trägt, gehörte zur alten
Mode. Ausdrücklich wird dies hervorgehoben bei einer Dame von Mailand, deren
Kostüm auf den Anfang des sechzehnten Jahrhunderts hinweist. Da gelbe, blaue, rote,
grüne und violette Straußenfedern in dem alten Fächer vereint sind, so kommt er zur
farbenfröhlichsten Wirkung. Sein Griff ist länger als jener der jüngeren Fächer, die
überhaupt zierlicher und handlicher sind. Die Matronen haben zweifellos die größeren
Formen bevorzugt und die kleinen der Jugend überlassen. Pfauenfedern sind wenig oder
gar nicht benutzt worden — die einzige Dame, deren Fächer auf solche Federn schließen
läßt, ist eine Venezianerin, die ein Trauerkostüm, violette Robe mit langem Schleier,
trägt, wie es um 1550 modern war. Leider ist gerade bei diesem Bilde die Farbe des
Fächers derart verwischt, daß die Natur der Federn, die einem silbernen Griff aufgesteckt
sind, nicht deutlich erkennbar ist.

Während Vecellio den Federfächer den Damen aller Städte, von Brescia und Vi-
cenza bis nach Rom und Neapel, zuerkennt, gibt er den Damen von Venedig und Padua
vorwiegend Fahnenfächer in Händen. Daß der Fahnenfächer in keuschem Weiß den glück-
strahlenden Bräuten als Hochzeitsschmuck zugebilligt wurde, daß er überhaupt eine kostbare

6*

Ausstattung erhielt, wurde bereits erwähnt. Das Fahnenblatt bot zur Anwendung von Goldbrokat, ausgeschnittenem Pergament, Zeichnungen in Goldfäden, Stickerei und auch von verziertem Leder, aus dem in Italien schon längst die vielgerühmten corami d'oro, vergoldete Ledertapeten, gefertigt wurden, die beste Gelegenheit. Ebenso ließ sich unter Verwendung von Edelmetall und wertvollen Steinen in prächtigster Weise die Fahnenstange ausbilden. Aber auch die schlichten, ziemlich kurz gestielten Fahnenfächer aus Strohgeflecht waren im Gebrauch, allerdings weniger in den angesehenen, als in den unteren Ständen.

Daß der Fahnenfächer nur den verheirateten Frauen und den Bräuten zugekommen sei, wie mehrfach behauptet ist, muß als unrichtig bezeichnet werden; denn auch Mädchen aus dem Volke, Dienerinnen und Courtisanen, diese wie die Japanerinnen mit hohen Sockelschuhen unter den Füßen, stolzierten mit ihm ungeniert umher. Dies beweist nicht nur Vecellios Buch, sondern auch eine seltene, aus großen Radierungen bestehende Trachtenkunde, die zwischen 1580 bis 1600 in Augsburg erschienen ist. Leider hat sich der Herausgeber des trefflichen Werkes, das nur noch in je einem Exemplar zu Berlin, Breslau und Paris vorhanden ist, in den Mantel der Anonymität gehüllt. „Eine Dienerin zu Venedig zu Haus", lautet die Erklärung zu einer hübschen fantesca, die kokett den Fahnenfächer wie eine hochgeborene Herrin führt.

Erwähnt sei, daß auch in dem Trachtenbuche Weigels, zu dem Jost Amman die Holzschnitte geliefert hat, Venezianerinnen aus dem Jahre 1572 mit Fahnenfächern dargestellt sind. Noch im siebzehnten Jahrhundert haben die Damen der schönen Venezia den lieb gewordenen Fahnenfächer zuweilen getragen, während im übrigen Europa das Interesse an ihm bereits erloschen war. Eins der letzten Beispiele bietet Joh. Theodor de Bry in seinem Werke „Emblemata Secularia", erschienen 1611 zu Oppenheim am Rhein: die Dame, die den Fahnenfächer trägt, ruht malerisch hingegossen in der damals viel benutzten Sänfte, für deren Gebrauch der wohledle Magistrat der freien Reichsstadt Nürnberg noch im Jahre 1801 eine sehr gewissenhaft geschriebene „Sänftenordnung" innerhalb seines Bereiches erließ (Abb. 39).

Benezianische Fahnenfächer aus dem sechzehnten Jahrhundert sind nur in sehr wenigen Exemplaren auf unsere Zeit gekommen: eins der schönsten, mit silbernem Griff und einem Blatte von Elfenbeingeflecht samt aufgesetztem Pergament in ausgeschnittener Arbeiten und

Abb. 30. Das lachende Parterre. Stich nach W. Hogarth. (Zu Seite 117)

Abb. 81. Der Abend. Stich von B. Baron nach W. Hogarth. (Zu Seite 117.)

mit Goldfäden, befindet sich im Schatze des Großherzogs von Baden. Ein Exemplar aus dem siebzehnten Jahrhundert ist in den Besitz eines deutschen Sammlers gelangt: sein Schildpattgriff, geschmückt mit Silbereinlagen, trägt ein Fahnenblatt mit Gouachemalereien, umgeben von silbernen Arabesken auf braunem Grunde: auf der Vorderseite Venus und Amor, auf der Rückseite ein Flußgott und nochmals Amor, beide in klagender Gebärde.

Außer den beiden Arten „Federfächer" und „Fahnenfächer" wurde als dritte Art ein Fächer bezeichnet, dessen Blatt anscheinend in Falten gelegt ist. Seine wirkliche Beschaffenheit bleibt ziemlich dunkel, da Vecellio im Text keine Aufklärung bietet. Jedenfalls handelt es sich nicht um einen richtigen Faltfächer, der sich aufklappen läßt. Wo unten der Dorn als Rotationsachse der Stäbe sitzen müßte, ist zum Festhalten des Blattes eine kleine, hübsch gearbeitete Zwinge angebracht, die sich auf einen recht soliden Handgriff stützt. Oben am Rande ist das Blatt, das als Halbkreis und Viertelkreis vorkommt, zierlich languettiert; seine Farbe ist meist weiß, grün oder braun mit drei bis fünf konzentrisch aufgesetzten goldenen Bogenlinien. Ob die im Blatte angeordneten radialen Linien wirklich Stäbe sind, läßt sich nicht sagen. Vecellio nennt den Fächer „alla Napolitana" und teilt ihn an anderer Stelle einem neapolitanischen Kostüm zu, von dem er ausdrücklich sagt, daß es „dismesso", unmodern, geworden sei. Es handelt sich also um eine Fächerart, die schon vor geraumer Zeit in Neapel entstanden war und als besondere Spezialität der dortigen Industrie galt. Sie hatte auch in Rom und in einigen anderen Städten Eingang gefunden. Mit spitzer Auszackung und auf den Spitzen mit goldenen Kügelchen kommt sie sogar fern in Venezien, in Conegliano, der Geburtsstätte Cimas, vor. Von verwandter Form, nur größer, schmaler, mit erheblich tiefer ausgezacktem Rande ist ein Fächer, den zu Rom eine Neuvermählte an goldener Gürtelkette und zu Ferrara und Turin einige Matronen tragen. Zu dem römischen Exemplar wird bemerkt, daß es poliert und gut gemacht sei. Dies läßt vermuten, daß ein wesentlicher Bestandteil des Fächers Holz gewesen ist. Die beiden Exemplare von Ferrara, von denen eins zu einer Haustoilette gehört, sind in verschiedenen Farben und in Gold bemalt, das dritte auf weißem Grunde.

Eine ziemlich freie Rekonstruktion dieser Fächer lehnt sich an die Holzschnitte Vecellios und an einen solchen an, den auf einem Bilde in der ehemaligen Pariser Sammlung Spitzer die Prinzessin Orsini trägt. Wirkliche Aufklärung über ihre wahre Natur wird sich erst dann gewinnen lassen, wenn einmal der Zufall einen unzweifelhaft echten Fächer dieser Art zum Vorschein gebracht hat. Jedenfalls weist ihr Ursprung auf Neapel hin, das aus der Gewalt Ludwigs XII. von Frankreich in den Besitz Ferdinands des Katholischen, Königs von Spanien, übergegangen war. Da die Spanier den echten asiatischen Faltfächer schon kannten, so ist es nicht unmöglich, daß hiervon die Herstellung des eigenartigen Fächers „alla Napolitana" beeinflußt wurde.

Aus der allgemeinen Beliebtheit des Fächers in Italien entwickelte sich immer kräftiger die Mode, das Fächerblatt mit Malerei, leichten, gefälligen Szenen oder sonstigen

Abb. 82. Satirisches Blatt auf die Mode des Jahres 1715. Stich von J. Patton nach L. B. Boitard.
(Zu Seite 120.)

amüsanten Darstellungen, zu schmücken. Um das
Jahr 1608 entwirft der englische Reisende
Coryat von solchen Fächern eine sehr anerken-
nende Schilderung. „Männer und Frauen", so
schreibt er, „tragen Fächer vor dem Gesicht, um
sich zu beschatten. Die meisten Fächer sind hübsch
und elegant. Die Montierung setzt sich zusammen aus einem kleinen Griff von Holz und einem
Stück geleimten Papiers, das auf beiden Seiten
ausgezeichnete Malereien aufweist. Dargestellt sind
Liebesszenen, begleitet von italienischen Versen,
oder eine schöne Stadt Italiens, der eine kurze
Beschreibung beigefügt ist." Er bemerkt noch,
daß solche Fächer sehr billig und schon für eine
kleine Silbermünze zu kaufen seien. Da auch
damals, in der billigen Zeit, ausgezeichnete Malereien für solchen winzigen Preis nicht zu haben
waren, so dürfte es sich wahrscheinlich um
Schablonenmalerei oder um mäßige Holzschnitte auf
farbig grundiertem Papier gehandelt haben.
Selbst richtige Farbenholzschnitte wären zu teuer
gewesen, denn mindestens drei Platten, eine für
den Umriß, die zweite für den Lokalton und
die dritte für den Schattenton, sind für sie er-
forderlich. Bekannt war dieses Verfahren schon
seit den Tagen Ugo da Carpis, und gerade zur
Zeit Coryats arbeitete in ihm in vorzüglicher
Weise Andrea Andreani, dem wenige Jahre später
Bartolomeo Coriolano folgte. Kunstleistungen ähn-

Abb. 83.
**Illustration von D. Chodowiecki zu
Gellerts Fabeln im Genealogischen
Kalender für Westpreußen.**
(Zu Seite 120 u. 122.)

licher Art auf billigen Fächern zu suchen, wäre geradezu vermessen. Der biedere Engländer
scheint in seinem Enthusiasmus für Italien manche Übertreibungen begangen zu haben,
und zu ihnen sind auch seine Angaben über den Wert der „Fächermalereien" zu zählen.

Immerhin legt Coryat ein bemerkenswertes Zeugnis ab für die Gunst, deren sich
der Fächer damals in Italien nicht nur bei den Frauen, sondern auch bei den Männern
erfreute, und für die Vorwürfe, mit denen die Fächer dekoriert wurden. Beim kühlen
Fächerwinde ergötzten sich Weib und Mann aus drittt Volle an den derben Späßen des
Archelino, dem Stottern des Tartaglia und der Unverfrorenheit des hübschen Colombina,
die Damen und Kavaliere aber an der Commedia erudita, der heiteren Grazie in Ariosts
„Orlando furioso" und der lyrischen Empfindung in Tassos „Aminta". Wohl mag
manches Dämchen, wenn von Angelikas Untreue und des liebeskranken Rolands Raserei
vorgelesen wurde, schuldbewußt sein erglühendes Antlitz hinter dem Fächer verborgen
haben. Und mancher Kavalier mag angesichts einer fächelnden, spröden Lydia in hora-
zischer Anwandlung geseufzt haben:

„Tecum vivere amem, tecum obeam libens."

Die Franzosen behaupten noch galanter als die Italiener zu sein. Wer die umfang-
reiche Galerie schöner Freundinnen der französischen Könige übersieht, muß der Behauptung
der Franzosen recht geben. Demgemäß war auch das dortige Milieu dem Fächer nicht
weniger günstig als in dem galanten Italien, denn ein so nützliches Gerät wie ihn
hat keine dieser listigen Damen, von Maria Gaudin, der anmutigen Geliebten Königs
Franz I., bis hinauf zur Pompadour und Dubarry, den angebeteten Gestirnen Ludwigs XV., sich entgehen lassen. Der Fächer wurde in ihrer zarten Hand eine Art
Zauber- und Wünschelrute, mittels deren sie allen ihren vielen Launen, mochten es
auch die übermütigsten sein, auf Kosten ihrer Anbeter Befriedigung verschafften.

Bereits Franz I. konnte zu Kaiser Karl V. sagen: „Paris ist eine Welt!" Ein stolzes Wort, aber es war berechtigt. Pracht, Aufwand, geselliges Vergnügen hatten in der französischen Hauptstadt ihren Thron aufgeschlagen. Selbst die fromme Claude de France, des Königs erste Gemahlin, die wie eine Heilige verehrt wurde und zu deren Grab in der Kathedrale von St. Denis die Pariser lange Zeit gewallfahrtet sind, war dem sündigen Putz nicht abgeneigt gewesen. Überhaupt pulsierte schon während dieses ganzen sechzehnten Jahrhunderts in Paris trotz der zahlreichen politischen Wirren, Ränke und Wandlungen und trotz des grimmen Mors Imperator, der ein halbes Dutzend Könige erbarmungslos vom Thronsessel riß, eine Lebenslust, als sei das Paradies auf Erden und vornehmlich an der Seine. Man trällerte galante Chansons, las lachend Marguerite de Valois' witzige Novellen oder François Rabelais' satirische Romane, die 1532 und 1535 erschienen waren, rezitierte Clément Marots frivole Gedichte und erquickte sich mehr noch an Honoré d'Urfés berühmtem Schäferroman „Asträa", in dem sich Scharen von Rittern, Nymphen, Druiden, Zauberinnen, höfischen Schäferinnen und kammerherrlichen Bauern ein Stelldichein geben und allerhand erotische Allotria treiben. Selbst Heinrich IV. dichtete Liebesliedchen, und sein reizendes „Charmante Gabrielle" ist noch heute nicht vergessen.

Der Fächer aus Federn, Papier und Leinen wird bereits in dem Pantagruel des witzigen Rabelais gedacht. Pantagruel und mehr noch sein frecher, toller, großmäuliger Genosse Panurg wissen überhaupt von den Toiletten und dem gesellschaftlichen Leben der Hochgeborenen ihrer Zeit recht interessante Einzelheiten zu berichten. Es war eine Lust, das schöne und kostbare „Gefieder der Weiblein" anzuschauen. Noch größer wurde die Lust in der Folgezeit, unter Katharina von Medici, der Gemahlin Heinrichs II. Sie, die stolze, prachtliebende Italienerin, die an einem der glänzendsten Höfe Europas ihre Jugend verlebt hatte, die unter den edelsten Werken der Malerei und unter atmendem Marmor groß geworden war, die ohne Seide, Spitzen und Perlen gar nicht zu denken ist, gab dem Pariser Luxus einen neuen Aufschwung. Allen Feinheiten des italienischen Lebens wurde in Paris Eingang verschafft, neue Kräfte den Kleinkünsten zur Verschönerung der Kleidung, des Schmuckes und der Ausstattung der Salons zugeführt und die Mode mit einem Geiste gesättigt, der sie bald gegen die spanische zu energischer Kraftentfaltung anreizte.

In einem Trachtenbuche, das im Jahre 1562 in der Pariser Buchdruckerei von Richard Breton gedruckt wurde, und bisher als das älteste gilt, ist nun vom Fächer kaum eine Spur zu finden, denn unter den 121 Holzschnitten des Inhalts erscheint mit ihm, einem federumsäumten Blattfächer, nur eine Griechin. Aber gegen seine Beliebtheit in der feinen Gesellschaft der französischen Hauptstadt will dies nichts besagen, denn in Wahrheit ist das Büchlein aus der Bretonschen Offizin ein Machwerk der gewöhnlichsten Art, das durch die schlechten Verse eines gewissen François Deserpz und die an Heinrich von Navarra gerichtete Widmung durchaus nicht besser geworden ist.

Abgesehen von literarischen Quellen, wie Rabelais' Pantagruel, liegen auch noch andere Beweise dafür vor, daß der Fächer stark in Mode gekommen war, und zwar waren neben dem runden, von Federn umgebenen, wie ihn Elisabeth von Österreich, Gemahlin Karls IX. und Schwiegertochter der Katharina, auf dem 1572 von Leonhard Limousin gemalten Emailporträt trägt, solche von reich verziertem Leder modern. Nach Katharinas Tode, im Jahre 1588, wurden fünf Fächer dieser Art im Nachlaß der Verstorbenen gefunden und im Inventar unter der Bezeichnung „éventails de cuir et façon du Levant" aufgenommen. Sogar die Herren fächelten, wenigstens berichtet Pierre de l'Estoile, daß König Heinrich III., der größte Stutzer seiner Zeit, sich wie eine eitle Frau gefächelt habe, und zwar mit einem reich geschmückten Fächer aus Velin, der sich bei einem einfachen Fingerdruck ausspannte und wieder zusammenfaltete. Auch die übrigen Herren des Hofes besaßen Fächer von ebendemselben Stoff oder von Taffet, ringsum mit einer Kante von Gold oder Seide. Und die Damen waren so entzückt von den Fächern, daß sie sich ihrer sogar im Winter beim Kaminfeuer bedienten. In diesen Fällen handelt es sich bereits um Faltfächer, wie auch aus einem Bilde im Louvre, das der

Abb. 84. Fächerentwurf mit Wertherscene von D. Chodowiecki. Im Besitz der Frau Prof. Kaner zu Berlin. (Zu Seite 120.)

Zeit Heinrichs III. entstammt, und aus einem Gemälde in Rennes, einem Werke aus dem letzten Viertel des sechzehnten Jahrhunderts, hervorgeht: auf jedem der beiden Gruppenbilder trägt je eine Dame einen Faltfächer.

Leider war die steife Tracht der Entwicklung von Grazie beim Fächeln nicht besonders günstig. Die alternde Katharina hatte sich in ihren letzten Lebensjahren um die Mode weniger kümmern können und diese nahm, beeinflußt von dem Genie gewisser Putzprinzessinnen und Schneiderkünstler, einen Lauf, der dem feinen Geschmack einer Tochter des Hauses Medici sicherlich nicht entsprochen hat. Man suchte den spanischen Reifrock noch zu übertrumpfen, und zwar durch eine geschweifte Glockenform, dann durch eine Tonnenform, bei welcher der Rock von den Hüften erst weit abstand, bevor er sich mit der Tonnenschwellung niedersenkte. Spottvögel nannten die neuen Röcke „Vertugades" oder „Vertugadins", zu deutsch „Tugendwächter". Leider hat Rabelais, der schon 1553 gestorben war, diese scheußlichen Röcke, die ein wahrer Hohn auf die menschliche Gestalt waren, mit seiner Satire nicht mehr bedenken können. Die Damen nahmen sich in ihnen plump wie Elefanten aus, zumal die Mieder fürchterlich tief geschneppt, die Ärmel mit fünf bis sechs ausgestopften Puffen versehen, die Manschetten zu kolossalen Stulpen verlängert und die flach- oder schrägstehenden Spitzenkragen bis zur äußersten Grenze der Schultern verbreitert waren.

Die Vertugadins wurden auch von hochstehenden deutschen Damen mit einer Begeisterung getragen, als ob sie mindestens von Venus oder Juno aus dem hohen Olymp stammten (Abb. 40). In den Ahnengalerien deutscher Fürstenhäuser kann man Wunder schauen. Wer die beiden Dorotheen, Gemahlinnen des Fürsten Johann Georg I. von Anhalt, von denen die erste 1594 und die zweite 1631 starb, oder die Prinzessin Kunigunde Juliane und die Fürstin Sophie Margarete von Anhalt-Dessau im Rittersaale des Gotischen Hauses zu Wörlitz sieht, wird sie unauslöschlich im Gedächtnis behalten. Deutsche Damen bevorzugten noch Vertugadins, nachdem die Pariser Mode schon seit mehreren Jahrzehnten einen anderen Kurs eingeschlagen hatte. Als Steigerung der humorvollen Wirkung trugen sie, nach dem Grundsatze: les extrêmes se touchent, zu den Vertugadins und dem übrigen Bombast Faltfächerchen, so klein, als seien sie im Lande Liliput fabriziert worden. In solchem Kostüm zu fächeln muß Schweißtropfen gekostet haben, zumal das Fächerchen keinen Wind fing. Aber was schadete es, die Tracht war geheiligt durch Paris.

Nach dem Heimgange der Katharina Medici übernahm Margarete Valois, die erste

Abb. 45. Dame im Straßenkostüm.
Zeichnung von D. Chodowiecki aus dem Tagebuch der Danziger Reise. 1773.
(Zu Seite 122.)

Abb. 86. Bemalter Seidenfächer mit Metallflitter und Elfenbeingestell. Deutschland, um 1800. Berlin, Kgl. Kunstgewerbemuseum. (Zu Seite 123.)

Gemahlin Heinrichs IV., die Protektorschaft über die Mode. Wenige Damen haben auf dem französischen Thron gesessen, die so veränderungssüchtig waren, wie sie. Die Königin drückte mit ihren Getreuen immer neue Toilettenwunder aus und entwickelte auch in anderen Dingen einen derartigen Aufwand, daß die Börse ihres hohen Gemahls in die bedenklichste Mitleidenschaft gezogen wurde.

An kostbaren Fächern fand Margarete außerordentliches Gefallen. Manche dieser niedlichen Kleinigkeiten kosteten ein Vermögen. Meist waren sie sehr apart und sonderbar. So befand sich an der Innenseite eines ihrer Fächer ein von Brillanten umgebener Spiegel. Der befreundeten Louise von Lothringen überreichte sie einst als Neujahrsgeschenk einen Fächer von Perlmutter, der 12ttt Taler in Gold, eine für damalige Zeit sehr bedeutende Summe, gekostet hatte. Andere Fächer der Königin dürften nicht billiger gewesen sein. Und so werden diese kostspieligen Vergnügen nicht minder wie andere Gründe dazu beigetragen haben, daß sich Heinrich von Margarete scheiden ließ, um im Jahre 1600 die schöne Maria von Medici zu heiraten.

Mit der Mediceerin kam wieder der feine Geschmack zur Geltung, und der Luxembourg, den ihr später „würdig der ersten Frau der Welt" Desbrosses erbaute, wurde eine Stätte der Kunst und der feinsten Formen. Für die Vertugadins war in den Sälen dieses stolzen Baues kein Raum — sie blieben draußen und gingen im Strome einer neuen Mode unter.

Inzwischen hatte sich in Portugal und Spanien der liebenswürdige Fremdling „Faltfächer", der schon in der ersten Hälfte des sechzehnten Jahrhunderts auf einer portugiesischen Brigantine aus Asien herübergekommen war, recht heimisch gemacht und zudem das Wohlwollen der allerhöchsten Damen und Herren bei Hofe gefunden. Dies war das Signal, daß zahlreiche Genossen des Fremdlings aus dem fernen Lande herbeiströmten, war es doch zu verlockend, in den herrlichsten Königsstädten von den zarten Händen der vornehmsten europäischen Frauen graziös geschwungen zu werden und hinter so manches süße Geheimnis der Hochgeborenen zu gelangen. Die Reise aus Ostasien nach Europas Strande konnte leicht bewerkstelligt werden, denn die glorreiche portugiesische Herrschaft hatte an den Küsten Indiens begonnen: Calicut, Goa, Malakka, Hormus und andere Städte waren in den Besitz Portugals gelangt, vernichtet war die arabische Vorherrschaft im Indischen Ozean, und bis nach den Molukken, den vielgepriesenen

Abb. 87. Mit Gold bemalter Fächer aus Fischbein. Deutschland, 1820—1830.
Berlin, Kgl. Kunstgewerbemuseum. (Zu Seite 126.)

Gewürzinseln, und bis nach Japan waren die kühnen Seefahrer vorgedrungen. Also
der Faltfächer chinesischer oder japanischer Herkunft fand die beste Gelegenheit, der Reise-
lust zu frönen, aus seiner bisherigen Abgeschlossenheit herauszutreten und sich einmal die
Leute im Lande Europa anzusehen. Einer der ersten hatte die Ehre, von Donna Maria
von Portugal, erster Gemahlin Philipps II., mit höchster Zuvorkommenheit aufgenommen
und in Anerkennung seiner Tugenden zusammen mit der hohen Frau im Jahre 1545
gemalt zu werden.

Es ist eine Eigentümlichkeit aller Chinesieneinwanderung, daß ein von ihr beglücktes
Land die Langzöpfe nicht wieder los wird. Dies können am besten die Amerikaner
bezeugen. Aber in diesem Falle waren die Europäer klüger: sie guckten dem chinesischen
und japanischen Einwanderer „Faltfächer" alle seine Vorzüge ab und beschränkten somit
das Gebiet, das er sich friedlich anzueignen gedachte, in sehr erheblichem Maße. Mit
anderen Worten: man begann bald in Europa selbst den Faltfächer herzustellen und
ihn mit allen jenen glänzenden Eigenschaften auszustatten, die Frauenherzen rühren und
kühne Männer zittern machen.

Gleichwohl dauerte es noch geraume Zeit, bis die Industrie der Faltfächer soweit
erstarkt war, um die Alleinherrschaft anzutreten und insonderheit die Federfächer in den
schrecklichen Orkus des Unmodernen hinabzustürzen. Bis dahin touren in Spanien, vornehmlich im Süden, Fahnenfächer und auch, wie Vecellio beweist, gestielte Blattfächer,
deren ovaler, wappenbemalter Schild von Federn umsäumt war, ziemlich häufig zu finden.
Von dem Kostüm, in dem Vecellio die Spanierin mit dem Blattfächer vorführt, erzählt
er: „Dieses Kostüm ist sehr alt und war im Gebrauch vor 140 Jahren (also 1450).
Ein Teil von Spanien hat es beibehalten, während in einem anderen Teile des Landes
die italienische Mode nachgeahmt wird, beispielsweise in der Art, das Haar zu tragen,
das die Frauen mit einem bis zu den Schultern herabfallenden Schleier bedecken." Hieraus
läßt sich schließen, daß der gestielte Blattfächer mit seiner Umsäumung von Federn bereits
um die Mitte des fünfzehnten Jahrhunderts in dem Lande des Cid getragen wurde und
dort ebenfalls eine recht alte Fächerform darstellt.

In den Niederlanden hatte der Fächer, wiewohl von der Hitze des Südens wenig
zu spüren war, gleichfalls eine Heimat gefunden. Im Nachlaß von „Frau Margarete,
des Kaisers Tochter", die Albrecht Dürer die Statthalterin der Niederlande in seinem
Tagebuche von der Reise nach den Niederlanden nennt, wird erwähnt „ung petit esven-

tador bien fest". Ob es ein Faltfächer asiatischer Herkunft war, läßt sich nicht sagen. Möglich ist es immerhin, denn schon seit 1503 saß in Antwerpen ein portugiesischer Faktor, ein offizieller Vertreter oder Konsul des Königs. Diese Faktorei gehörte zu den bedeutendsten ausländischen Handelsgeschäften und führte auch viele indische Waren ein. Während Dürers Anwesenheit in Antwerpen, in der Zeit von 1520 bis 1521, war Konsul der mehrfach von ihm erwähnte Portugiese Francisco Brandan. Man ersieht aus den Einkäufen, die der Künstler für sich, sein Weib Agnes und seine Nürnberger Freunde machte, oder aus den Geschenken, die er erhielt, daß die eingeführten asiatischen Artikel zahlreich waren und sehr in Gunst standen. Kokosnüsse, die er als indianische Nüsse bezeichnet, „calcutisch Tücher", Federn, Wellensittige, für die er sich einen Käfig anschafft, und manche andere Dinge werden aufgezählt. Allerdings, ein Faltfächer, dessen Ankauf sicherlich im Tagebuche notiert worden wäre, wird nicht genannt. Dies hindert nicht in der Annahme, daß der merkwürdige Fremdling bei „Frau Margareth, des Kaisers Tochter", schon dieselbe freundliche Aufnahme wie am portugiesischen Hofe gefunden hatte, zumal die Fürstin eine hochgebildete, geistreiche Frau war, die sich für alles Neue lebhaft interessierte, in der Kunst der Politik, der Rede, des Dichtens und der Malerei großes Talent entfaltete und in ihrer Residenz Mecheln im Mittelpunkte eines feinen geselligen Lebens stand. Hier erzog sie auch ihren jungen Neffen, den späteren Kaiser Karl V. Sie war die Tochter Maximilians I. und der Maria von Burgund. Als Witwe in erster Ehe von dem Prinzen Don Juan von Asturien, Erben von Kastilien, und in zweiter Ehe von dem Herzog Philipp von Savoyen, unterhielt sie, nachdem ihr Maximilian 1507 die Statthalterschaft der Niederlande übertragen hatte, mit Spanien und Italien die lebhaftesten Beziehungen. Hieraus lassen sich auch so manche fremde Eigentümlichkeiten erklären, die sich damals in der niederländischen Mode geltend gemacht haben. Das Gewicht der mächtigen Statthalterin war eben zugunsten des Fremden in die Wagschale gefallen und sicherte diesem eine Aufnahme, die es vielleicht sonst in den Niederlanden nicht gefunden hätte. Und dieser Einfluß dauerte an, bis die Statthalterin am 1. Dezember 1530 mit dem Tode abging.

Jedoch blieb der gebräuchliche Fächer der damaligen Niederländerinnen der gestielte Blattfächer und der Federfächer. Im Laufe der Jahre wurde der Federfächer immer mehr bevorzugt, wesentlich begünstigt durch das reiche Material an Federn, das durch den gesteigerten überseeischen Verkehr aus dem Orient herangebracht wurde. An Marabus,

Abb. 88. Bemalter Fächer aus durchbrochenen Hornplättchen. Deutschland, neunzehntes Jahrhundert. Berlin, Kgl. Kunstgewerbemuseum. (Zu Seite 126.)

den weißen, sehr fein gefiederten und welligen Schwanzfedern des Marabureihers, und an Straußenfedern war kein Mangel. Die Holländerinnen, die eine gewisse puritanische Vorliebe für die schwarze Farbe besaßen und in schwarzer Seide, Sammet und Tuch schwelgten, bevorzugten Fächer von schwarz gefärbten Straußenfedern. Noch in der ersten Hälfte des siebzehnten Jahrhunderts kommen solche Fächer auf den Bildnissen der Damen vor. Meist sind sie von kleiner Form und fast immer an langer goldener Gürtelkette befestigt. Wie alle größeren Galerien bietet auch die Königliche Gemäldegalerie in Berlin recht bezeichnende Beispiele. Solch einen Fächer trägt in der herabhängenden Rechten die junge Frau, welche der Utrechter Paulus Morcelse 1628 gemalt hat (Abb. 41); ihn hält sehr würdevoll die 1652 von Nikolaes Elias gemalte Catarina Hooft, Gemahlin des Cornelis de Graef, Bürgermeisters von Amsterdam, und nicht minder feierlich nimmt er sich in den Händen der jungen Dame aus, die 1653 von Jan Verspronc, einem Schüler des Frans Hals, gemalt wurde. Die Kleidung aller dieser Herrschaften ist, abgesehen von den weißen Kragen und Manschetten, tief schwarz bis auf den Fächer. Nur bei der Bürgermeisterin kommt außer dem schwarzseidenen Oberkleide noch ein hellfarbiges Gewand zum Vorschein — ein weißes, silbergesticktes, spitzenbesetztes Untergewand von der prächtigsten Ausführung, das selbst in einer modernen Toilette als Prunkstück bestehen könnte und allgemeinen Beifall finden würde.

Sie sehen sehr vollkommen und ehrenhaft aus, diese würdigen Zierden des holländischen Patriziats. Mit Vergnügen schaut man auf ihre Bildnisse, die der Pinsel kundiger Meister auf die Leinwand gezaubert hat. Individuelles Leben spiegelt sich in ihren Zügen und spricht so unmittelbar zu uns, daß wir in stummem Verkehr mit den Dahingeschiedenen treten und zu hören glauben, wie sie uns erzählen von ihrem Schaffen, ihren Herzensgeheimnissen, ihren Sorgen und Freuden. Aber mit französischer Grazie, italienischem Feuer oder spanischer Glut, überhaupt mit südlicher Leidenschaft haben sie sicherlich nicht den Fächer geschwungen — er war in ihren Händen wenig mehr als ein Zeremonialgegenstand, bestimmt die bevorzugte Stellung der Trägerin zu kennzeichnen.

Die mit kaufmännischen Geschäften überladenen Mynhers würden auch kaum graziösen Fächerbewegungen großes Interesse entgegengebracht haben, zumal der Grundzug ihres Wesens eine gute Dosis praktischen Denkens war.

Selbst die Dichter waren praktisch. Beweis der viel gerühmte holländische Lieblingsdichter Jacob Cats (1577—1660), der einem jungen Fräulein, dem Gegenstande seiner Jugendliebe, entsagt, weil deren Vater in Zahlungsschwierigkeiten geraten ist. Ein besorgter Bekannter spricht zu Cats salbungsvoll:

> Die Heirat paßt für Euch, o Freund, durchaus sich nicht.
> Ihr müßt in dieser Stadt Euch Achtung nur erwerben
> Und würdet's Euch gewiß auf diese Art verderben;
> Der Vater von dem Kind, das Ihr Euch zugedacht,
> Ist an der Börs' veracht't, weil er Bankrott gemacht.

Auf Cats macht, wie er in seiner „Selbstbiographie in Versen" gesteht, die Mahnung des besorgten Freundes solchen Eindruck, daß er die Jugendliebe einfach sitzen läßt. Man höre:

> Für sie hätt' ich gewiß und ohne große Not
> Mit freudigem Gemüt gegeben mir den Tod;
> Doch seht, das Unglück, das den Vater überkommen,
> Hat plötzlich alle Lieb' von mir hinweggenommen.

Vater Cats ist nach seinem gefühlvollen Geniestreiche dem Tode sehr vorsichtig aus dem Wege gegangen, denn er ist 83 Jahre alt geworden, und er hat auf seiner langen Lebensbahn von den Mitlebenden ob seines wackeren Verhaltens noch manche Anerkennung geerntet. Daß auf Leute von der Art des geschäftskundigen Dichters auch das berückendste Fächeln ohne Einfluß bleiben mußte, ist leicht begreiflich. Demgemäß scheinen auch die holländischen Damen vorgezogen zu haben, sich in der Führung des Fächers nur oberflächlich

auszubilden und mehr der magischen Anziehungskraft ihrer dukatenschweren, goldenen
Mitgift zu vertrauen.

Günstiger lagen die Verhältnisse in England. Schon am Hofe Heinrichs VIII. war
der Fächer als Mittel der Koketterie stark benutzt worden. Sechsmal war der König
verheiratet gewesen, mit Katharina von Aragon, Anna Boleyn, Jadanna Seymour, Anna
von Cleve, Katharina Howard und Katharina Parr. Jede dieser Damen hatte einen
Hofstaat um sich gebildet, in dem das weibliche Element stark vertreten war. Nichts
natürlicher, als daß die Causerie und das Fächeln blühten, bis — — ttte, bis
Se. Majestät eine grimmige Anwandlung bekam und schonungslos ein fürchterliches
Blutgericht abhielt.

Als 1558 Elisabeth den Thron bestieg, wurde der Fächer erst recht der erklärte
Liebling der Damenwelt, denn die Königin hegte eine ausgesprochene Leidenschaft für ihn.
In zarter Weise hatte sie der Ansicht Ausdruck gegeben, daß der einzige Gegenstand, den
eine Herrscherin von ihren Untertanen als Geschenk empfangen könne, ein Fächer sei. Die

Abb. 89. Fächer aus Knochen mit durchbrochenem Spitzenmuster und Metallflittern.
Deutschland, um 1830. Berlin, Kgl. Kunstgewerbemuseum. (Zu Seite 126.)

Leute der City ließen sich dies nicht zweimal sagen: an jedem Neujahrstage brachten
sie der Landesmutter ehrfurchtsvoll als Gabe einen Fächer dar, der um so gnädiger an-
genommen wurde, als sein langer Stab, an dem das Fächerblatt mit reicher Umsäumung
von Federn saß, aus gediegenem Golde bestand und reich mit Edelsteinen besetzt war.
Mit einem Fächer ähnlicher Art ist Elisabeth in einem Bildnis dargestellt, das sich in
Gorhambury befindet. Als im Jahre 1603 ein Inventar der Garderobe der Königin
aufgenommen wurde, ergab sich ein Bestand von nicht weniger als dreißig Fächern. Und
es waren solche recht wertvoller Art, denn die guten Leute der City hatten nicht ge-
knausert. Auch die Damen der Lords rühmten sich kostbarer Fächer, die an Wert denen
der hohen Gebieterin wohl kaum nachgestanden haben. Nur so ist es begreiflich, daß
Falstaff zu dem ehrenwerten Pistol sagen konnte: „Lady Brigitta hat ihren Fächer ver-
loren, und ich habe ihr auf Ehre geschworen, daß du ihn nicht gestohlen hast."

Es ist eigentümlich, wie in England, das sonst so nüchtern ist und so vortrefflich
in Pfund, Shilling und Penny zu rechnen versteht, die Romantik stets weit geöffnete
Herzen gefunden hat; es hat noch im vergangenen Jahrhundert seinen Walter Scott,
seinen Thomas Moore, seinen Lord Byron, seine Präraffaeliten, an ihrer Spitze Millais,

Hunt und Rossetti, gehabt. Und im sechzehnten Jahrhundert war es ebenso: mochten auch im Globetheater, in dem die vornehmen Habitués vorn zu beiden Seiten der Bühne und das übrige Publikum in schäbigen Logen und im dachlosen Parkett saßen, die lustigen Komödien und gewaltigen Dramen Shakespeares gespielt werden und rasenden Beifall ernten, so standen trotz alledem die Schäfer- und Ritterromane hoch in Gunst. Mit Entzücken lasen die Damen sowohl Wilhelm Sidneys Schäferroman „Arkadia", der in Nachahmung der „Diana" des Spaniers Montemayor entstanden war, wie Edmund Spensers „Schäferkalender" und desselben Verfassers allegorisch-epische „Feenkönigin", eine Huldigung an die goldblonde Königin, die mit männlich-starker Hand Old-Englands Scepter zu tragen und ebenso gut ihren lang gestielten Fächer zu schwingen verstand. Der Geist der Romantik gab sich auch in manchen arkadischen Festen und schwülstigen Verherrlichungen des Olymps zu erkennen, an denen man sich bei Hofe und auf den Landsitzen der Pairs vergnügte. In solcher Atmosphäre konnte der Fächer nicht entbehrt werden, und vorsorglich hatte man ihn daher an der Gürtelkette befestigt, damit er stets bei der Hand war.

Wie hätten nun in Deutschland die Damen im Fächeln zurückbleiben können? Hier, wo ein reiches Patriziat in den Städten wohnte, wo in Augsburg, Nürnberg, Köln, Frankfurt, Straßburg und anderen Hochburgen des Handels der Sinn für reiche Tracht und gesellschaftliche Freuden schon seit mittelalterlicher Zeit stark entwickelt war, wo Dutzende fürstlicher Hofhaltungen vorhanden waren und sich mit möglichstem Pomp umgaben, wo sogar die geistlichen Fürsten den Freuden der Welt nicht abgeneigt waren, konnte der Fächer keine untergeordnete Rolle spielen.

Der Federfächer ist gegen Ende des sechzehnten Jahrhunderts in den feineren Kreisen unseres Vaterlandes fast genau so heimlich, wie in jenen der süd- und westeuropäischen Länder. Auf den Bildnissen werden die Damen nicht mehr mit der üblichen Blume, sondern mit dem Fächer oder mit beiden zusammen dargestellt (Abb. 42 u. 43). Den Meistern des Pinsels behagt diese Beigabe um so mehr, als sie sich malerischer ausnimmt. Auch „Fahnen" und einfache Blattfächer aus Leder, sogenannte „Mückenschleicher", sind, wie schon früher erwähnt, zum Ärgernis gestrenger Sittenrichter verbreitet. Um die Wende des sechzehnten Jahrhunderts hat aber der Federfächer den beiden Mitbewerbern den Rang in der Gunst der Damen abgelaufen, so daß in Mathias Merians „Repräsentatio des fürstlichen Aufzug und Ritterspiel des Herzogs Johann Friedrich zu Württemberg bei der Kindtaufe seines Sohnes am 10.—17. März 1616 in Stuttgart" sogar hoch zu Roß sitzende Edelfrauen mit Federfächern bewaffnet sind (Abb. 42). Eine der kühnen Amazonen fächelt mit ihrem Fächer so lebhaft, als ob die rauhe Märzluft glühender Scirocco sei. Mode und Vernunft haben eben selten einen Bund geschlossen, bei dem dieser zu ihrem Recht gelangt wäre. Wer aber wollte die Damen tadeln? „Was man Mode heißt," sagt der Weise von Weimar, „ist augenblickliche Überlieferung. Alle Überlieferung führt eine gewisse Notwendigkeit mit sich, sich ihr gleich zu stellen."

Daß auch die Frauen der mittleren Bürgerkreise damals Fächer trugen, wenn sie sich in großen Staat warfen, läßt sich durch verschiedene Beispiele erweisen. Eins der bemerkenswertesten bietet das noch erhaltene Hausbuch des Ratsgerbermeisters Gierth zu Liegnitz vom Jahre 1610. Die Frau Meisterin war von der Herzogin Dorothea Sibylla zum Vesperbrot eingeladen worden und fühlte sich natürlich veranlaßt, recht standesgemäß im Schloß zu erscheinen. Sie beschaffte sich demgemäß ein vollständig neues Kostüm, und der biedere Gatte trug unter dem Datum des 12. Mai seufzend folgende Posten in sein Hauptbuch ein: „19 Ellen Damasklen zum Kleide 18 Tlr. 18 g. Gr.; silberne Posamenten zum Besatz 11 Tlr. 9 g. Gr.; einen güldenen Latz 4 Tlr.; Handschuhe, seidenes Strumpfwerk mit silbernen Zwickeln 3 Tlr. 8 g. Gr. 9 Heller; ein Paar niederländische Schuhe mit silbernen Rößlein 5 Tlr.; ein Fächer 1 Tlr. 18 g. Gr.; eine neue Haubenkappe mit silbernem Deckel 13 Tlr.; allerlei Gebänderich mit Spitzenzeug 7 Tlr. 14 g. Gr.; Macherlohn des Kleides samt Auslagen 6 Tlr. 3 g. Gr. 4 Heller; gemachte Blümelein auf den Latz zu heften 1 Tlr.; die güldene Kette nebst den Armringen auffrischen lassen 13 g. Gr.; der Susanne auf die Hand gegeben 3 Tlr.; Summa 75 Taler

Abb. 20. Fächer von Hans Robertshein-Berlin. Aus den Ateliers von Conrad Sauerwald in Berlin W. (Zu Seite 130.)

Buß, Der Fächer.

11 gute Groschen 13 Heller." Die große Ehre, welche der Hausfrau widerfahren war, kam, wie man sieht, dem braven Ratsgerbermeister teuer zu stehen, zumal damals ein Taler einen erheblich höheren Wert als heute besaß. Der Preis des Fächers mit 1 Tlr. 18 g. Gr. ist gegenüber den Preisen der anderen Gegenstände noch ziemlich mäßig und läßt den Schluß zu, daß auch in den deutschen Städten jener Zeit Angebot und Nachfrage in Fächern recht lebhaft waren; denn meist pflegt nur diejenige Ware billig zu sein, die in großen Mengen vorhanden ist und viel begehrt wird.

<h2 style="text-align:center">VIII.
Barock, Rokoko und Empire.</h2>

Mit dem siebzehnten Jahrhundert hat das goldene Zeitalter des Fächers begonnen. Die fürstliche Macht wandelt sich immer mehr zum unbeschränkten Absolutismus um und steigert sich in Ludwig XIV. zu jenem souveränen Selbstbewußtsein, das durch des Königs

Abb. 91.
Fächer
von Hans Looschen-Berlin.
(Zu Seite 130.)

Ausspruch: „l'Etat c'est moi", so treffend gekennzeichnet ist. Mehr wie je wird um die Gunst der Olympier, welche die Geschicke der Völker lenken, gebuhlt, denn von ihrem gnädigen Ermessen hängen Beförderung, Ansehen, Stellung und eine Menge anderer materieller Interessen ab. Über das glatte Parkett der prunkvoll geschmückten Säle bewegen sich schöne Frauen, Höflinge, Glücksritter, Goldmacher, die sich des Besitzes eines unzweifelhaften Arcanums rühmen, Künstler, Dichter, Gelehrte, sie alle mit der Absicht, ihr Heil zu versuchen, dem Gewaltigen zu schmeicheln, ihm angenehm zu erscheinen und reichen Lohn zu ernten. Und die Frauen erkennen, daß in dem Fächer hundertmal mehr Zauberkraft als in dem Arcanum des Goldmachers, den schwülstigen Versen der Dichter und den geschraubten Elogen der Gelehrten steckt: sie fächeln und bilden das Fächeln bald zu einer solchen Kunst aus, daß Auge und Sinn der Olympier an den graziösen Fächerschwingungen und noch mehr an den schönen Fächerinnen haften bleiben.

Es war, als ob Venus ihren Thron mit neuem Glanze umgeben und den Fächer als Wahrzeichen ihrer Macht für alle Welt sichtbar aufgepflanzt habe. Nun ward erst recht gefächelt. Die schöne Lutetia an der Seine wird Oberhofmeisterin der hohen Frau, um deren Interesse mit glühendstem Eifer in den Palästen, in den Salons und Kabinetts, unter den irdischen Machthabern und unter den Großen und Kleinen des Reiches zu vertreten. Zwar hallt Europa dreißig Jahre lang von wildem Kriegsgeschrei, von Waffengeklirr und Kanonendonner wieder, aber unbekümmert um den Spektakel gibt

Abb. 92. Fächer von Georg Schöbel-Berlin. Aus den Ateliers von Conrad Sauerwald in Berlin W.
(Zu Seite 130.)

sich Paris dem holden Dienste der Göttin und den wichtigen Angelegenheiten der Mode hin. In jener Zeit war es, da die Hauptstadt Frankreichs die Gesetzgebung in der Mode an sich riß, um sie zum Vorteil der Industrie des ganzen Landes Jahrhunderte hindurch mit Meisterschaft zu üben.

Unleugbar sind die Einflüsse Deutschlands auf die Wandlung der Tracht aus der spanischen Enge und Verschrobenheit in die flotte, bequeme und malerische Art, welche als „Wallensteinkostüm" bezeichnet wird, die bestimmenden gewesen. Aber diesem Kostüm den Stempel des Salons aufzudrücken, ließen sich mit Erfolg die Pariser angelegen sein. Sie waren es vornehmlich, welche dem Vertreter des Mars die Spitzen als Einfassung der Stulpen an die gespornten Reiterstiefel hefteten und als Kragen und Manschetten um

Abb. 93. Fächer von Friedrich Stahl-Berlin. Aus den Ateliers von Conrad Sauerwald in Berlin W.
(Zu Seite 131.)

den Hals und die Ärmel des Wamses legten, velche auch die Kniehosen mit den Strumpfbändern von Spitzen einführten, auf die Schuhe Spitzenrosetten hefteten und an Stelle der frei fallenden Haarfülle die Perücke für das Ideal einer vornehmen höfischen Erscheinung erklärten. Das Wallensteinkostüm hat aus dieser Verfeinerung keinen Nutzen gezogen, denn die Metamorphose zum Hofkostüm schritt immer veiter vor, und als schließlich unter Ludwig XIV. das Wams zur Schoßweste umgemodelt und über dieser ein neues Kleidungsstück, der sogenannte Justaucorps, ein Rock mit langen Schößen, breiten Taschen und übermäßig großen Ärmelumschlägen eingeführt wurde, war überhaupt von der flotten Tracht des dreißigjährigen Krieges nichts mehr zu sehen.

Um vieles besser erging es der Damentracht. Vertugadins und alle übrigen Reifrockarten, spanische Puffen und Wülste, Mühlsteinkrausen und spanische Krausen waren schon um 1620 für unmodern erklärt vorden. Nur fern von der großen Heerstraße der Mode fristeten sie noch bis zum Ende des Jahrhunderts ein ziemlich verborgenes Dasein. Nach dem Fortfall der Reifen und Wülste ist die Kleidung lockerer und faltiger

Abb. 84. Fächer von Prof. Franz Skarbina-Berlin. Aus den Ateliers von Conrad Sauerwald in Berlin W. (Zu Seite 180.)

geworden, zumal der obere der beiden üblichen Röcke hoch genommen wird. Schulter, Nacken und Brust verden nicht mehr vie vordem ängstlich verhüllt, sondern dekolletiert. Ein schöner Spitzenkragen, anfänglich hinten hoch stehend, dann aber zu den Schultern herabgesenkt und sich flach auflegend, umgibt reizvoll die Büste, über der das schöne Haupt mit üppiger Lockenfrisur thront. Schneppentaille und Spitzenmanschetten sind erheblich verkleinert und die veiten Ärmel geschlitzt, damit zwischen den Schlitzen ein feiner farbiger Unterstoff oder duftige Spitze zum Vorschein gelange. Dies ist die Tracht, in der die Damen auf den Bildnissen Rubens' und van Dycks gekleidet sind. Leider minderte sich ihr Reiz, als nach 1650 die Schnürbrust aufkam und die Damen für Wespentaillen schwärmten, als das Blankscheit lief mit der Spitze nach unten gesenkt wurde, um die Taille möglichst zu verlängern, und als gegen 1670 gar die Fontangen, die terrassenförmig mit Hilfe von Drahtgestell in die Höhe getürmten Frisuren (Abb. 44—47), und die abscheulichen, mit hohen roten Absätzen versehenen Stöckelschuhe Aufnahme fanden und die Schleppen (Abb. 48 u. 49) übermäßig verlängert vurden.

Aus der klassischen Zeit des Frauenkostüms im siebzehnten Jahrhundert liefert eins der schönsten Beispiele Rubens in seinem farbenprächtigen Familienbildnis in der Sammlung Rothschild zu Paris, das ihn, seine Gattin und das jüngste Söhnchen darstellt.

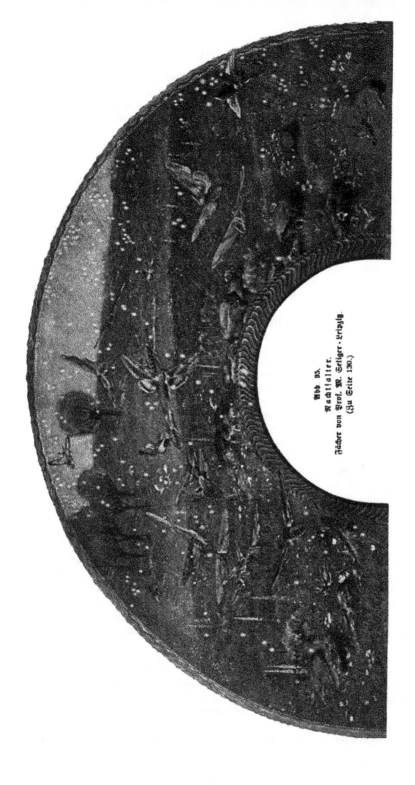

Abb. 95.
Nachtfalter.
Fächer von Prof. M. Seliger-Leipzig.
(Zu Seite 130.)

In dem Bilde spiegelt sich auch das sonnige Glück wieder, das der Künstler nach dem Tode seiner ersten Frau in der 1630 mit der schönen, lebensfreudigen Helene Fourment geschlossenen neuen Ehe gefunden hat. Das Kostüm der anmutigen Gattin, die Rubens zu neuem, frischem Schaffen begeisterte, vereint solide Pracht mit der malerischten Wirkung. Ein großer, freier, echt künstlerischer Wurf kommt in ihm zum Ausdruck, wesentlich hervorgerufen durch den ungezwungenen Faltenwurf der schweren, kostbaren Stoffmasse und die reizvolle Behandlung der Büste, um die der Spitzenkragen eine herrliche Umrahmung bildet. Frau Rubens, die mit der Rechten das Gängelband ihres Kindes hält, trägt in der gesenkten Linken einen langen, schmalen, kurzgriffigen Fächer aus weißen Straußenfedern, der zu ihrem Kostüm vorzüglich paßt.

Der Fächer aus Straußenfedern ist noch immer beliebt und will dem Faltfächer, der sich inzwischen Bahn zu brechen sucht, nicht weichen. Es entbrennt ein heißer Kampf zwischen beiden, geführt mit großer Geschicklichkeit und dem ganzen erfindungsreichen Genie der Modekünstler. Vorläufig bleibt der Streit noch unentschieden, da die Maler, obwohl sie dem Faltfächer einige Zugeständnisse machen müssen, wie beispielsweise Rubens, der 1615 die Infantin Isabella Clara Eugenia (Abb. 50) mit einem solchen darstellt, auf Seite der Federfächer stehen, die sich in der Bildnismalerei für die Gesamtstimmung besser verwerten lassen.

Gezwungen durch die fremde Konkurrenz, ersannen die Vertreter der Federfächerindustrie, um dem Faltfächer ein Paroli zu bieten, neue überraschende und gefällige Formen. Der Federfächer von Rubens' Gattin ist eine solche neue Form; sie errang sich damals ein dankbares Publikum und führte alsbald zu einer Variante, dem Fächerwedel, der auf kurzem Handgriff nur eine einzige kräftige Straußenfeder zeigt. Besonders deutlich ist dieser Neuling auf dem 1647 von Rombout van den Hoeye in Kupfer gestochenen Bildnis des Großen Kurfürsten und seiner damals neunzehnjährigen Gemahlin Louise, Prinzessin von Oranien, zu erkennen.

Wie heute, so war man auch schon damals im Doublieren der Straußenfedern, also im Aufeinanderlegen und Zusammennähen zweier Federn zu einer einzigen, um einen vollen und kräftigen Bart zu erzielen, sehr bewandert. Große Übung erlangten in dieser Federmacherei die Pariser, die auch das Färben der Straußenfedern in Schwarz und allen möglichen Modefarben von den Italienern bestens gelernt hatten. In unseren Tagen stehen ihnen die Berliner und Wiener auf diesem Gebiete ebenbürtig zur Seite, obwohl das Pariser Syndikat durch das Bestimmen der Modefarben für jede Saison Frankreich das Vorrecht zu wahren sucht.

Neben den neuen Arten der Federfächer hielten sich auch noch die touffe- und blattartigen Formen, von denen diese insofern praktischer waren, als sie einen stärkeren Luftstrom beim Fächeln erzeugten. Im Jahre 1630 findet man sie auf dem Kupferstich der schon erwähnten Magdalena von Sachsen von Lukas Kilian (Abb. 40) und auf verschiedenen Bildnissen Frankfurter Patrizierinnen von Sebastian Furck (Abb. 43), etwas später auf den Porträts der schönen, stolzen Maria Luisia de Tassis und der Engländerin Anna Wake von van Dyck (Abb. 51), ganz zu schweigen von der Fülle der übrigen Bildnisse, auf denen sie anzutreffen sind und von denen einige holländische schon früher genannt wurden.

Für Fächer aus Pfauenfedern scheint man sich ebensowenig zu erwärmen wie zur Zeit des Cinquecento in Italien. Hin und wieder tauchen sie zu Beginn des Jahrhunderts in Stichen und Radierungen auf, wie in den allegorischen Darstellungen des Stolzes von Hendrik Golzius (Abb. 52—54) und in den Blättern aus der Folge der Maskeraden von Jakob de Gheyn jun. (Abb. 55), aber für die Mode sind sie völlig bedeutungslos geworden.

Der Kampf zwischen Feder- und Faltfächer tobt immer weiter. Die Radierer und Kupferstecher, welche das Getriebe der Zeit auf der Platte festzuhalten suchen, scheinen geradezu in Verlegenheit zu sein, welchem der beiden Fächer sie den Vorzug geben sollen. Crispin de Passe in seinen Szenen aus dem öffentlichen Leben (Abb. 56), Philipp Sadeler in seinen zart ausgeführten Blättchen aus der Folge der Trachten und Wenzel Hollar in

Abb. 96. Fächer von Prof. Paul Meyerheim-Berlin. (Zu Seite 130.)

seinen sorglich gearbeiteten Bildchen aus dem Theatrum mulierum und der Folge der Jahreszeiten (Abb. 57 u. 58) liefern von diesem Schwanken zwischen Fait- und Feder- fächer einen schlagenden Beweis. Wenzel Hollar gibt einer „Dame aus London" an langer Gürtelschnur einen Federfächer und einer „Engländerin" den Faltfächer. Bei anderen Meistern des Grabstichels ist dasselbe Schwanken zu bemerken. Nur einige französische Künstler geben dem Faltfächer unbedingt den Vorzug. Zu ihnen gehören Jacques Callot (1592—1632), einer der genialsten Zeichenkünstler und Radierer seiner Zeit, der in sprudelnder Schaffenskraft sich auf allen Stoffgebieten, auch im Kostüm, betätigt hat, (Abb. 59) und der Zeichner De St. Igny (1600—1650), dessen Kostümblätter vielfach gestochen und radiert sind; beide gewähren ihn nach dem schönen Grundsatze der égalité sogar den schlichten Pariser Bürgerinnen (Abb. 60).

Schon im Jahre 1628 haben sich des amüsanten Themas die Spottbilder auf die Mode bemächtigt und die deutschen Fliegenden Blätter machen sich in gleichem Maße über Feder- und Faltfächer lustig (Abb. 61). Aber die Großen geben den Ton in der Mode an: Maria Eleonora, die deutsche Kaiserin, Gräfin Amalie von Solms, die Prin- zessin von Oranien, die Landgräfin Kunigunde Juliane von Hessen-Kassel und andere Damen aus den höchsten Kreisen lassen sich mit Faltfächern porträtieren, und ehe die Mitte des Jahrhunderts überschritten ist, tritt der Federfächer den Rückzug an, um als- bald zu verschwinden, während der Faltfächer mit Hilfe der höchsten und auch der niedrigsten Damen (Abb. 62) das Feld behauptet und Alleinherrscher wird.

Aus van Dycks Bildnis der Prinzessin Amalie von Solms, die sich 1625 mit dem Prinzen Heinrich von Oranien, Statthalter der Niederlande, vermählt hatte (Abb. 63), läßt sich ersehen, mit welcher Feinheit die Damen schon damals den Faltfächer zu tragen verstanden — die Prinzessin hält ihn zusammengeklappt und leicht gesenkt am untersten Ende zwischen dem Zeige- und Mittelfinger der vorn zur Hüfte emporgehobenen rechten Hand, die übrigens den Ruf van Dycks als eines entzückenden Händemalers vollkommen rechtfertigt. Ein besseres Muster für das Halten des Fächers in geschlossenem Zustande gibt es nicht, und allen Damen kann es zur Nachahmung empfohlen werden. Die meister- lichen Frauenbildnisse von Bartholomaeus van der Helst (1611—1670) in der Pina- kothek zu München (Abb. 64) und in der Galerie Czernin zu Wien zeigen fast dieselbe Fächerhaltung wie auf dem van Dyckschen Bildnis, nur mit dem Unterschiede, daß die Hand mehr vorgestreckt ist und in ihrer Geste weniger ungezwungen erscheint. Immer- hin sprechen auch sie sehr beredt für das Bestreben der vornehmen Damen jener Tage, in der Haltung des Fächers einen feinen Geschmack zu beweisen.

Schon damals kommt der Faltfächer in den beiden verschiedenen Arten vor, welche der moderne Fächerfabrikant als „Teilfächer" und als „Klappfächer" bezeichnet. Teilfächer bestehen, entsprechend dem altjapanischen hölzernen Hi-ogi, ganz aus flachen Stäben von Holz, Elfenbein, Schildpatt oder Perlmutter, die sich an ihrem einen Ende um den gemeinsamen Dorn drehen und am anderen Ende ihren Zusammenhalt an einem durch- gezogenen Seidenbändchen finden (Abb. 65). Klappfächer hingegen aus einem Gerüst von Stäben und einem besonderen Fächerblatte, sei es von Pergament, Papier oder anderen geeigneten Stoffen (Abb. 66). Ob eine von beiden Arten in der europäischen Industrie älter ist, läßt sich schwer feststellen. Jedenfalls bestehen sie in der Folgezeit nebeneinander, allerdings fast stets unter Bevorzugung des Klappfächers, der als der eigentliche Faltfächer zu betrachten ist, und dem daher der Name „Faltfächer" belassen sei.

Zur Ausschmückung bieten beide Arten, wie bereits die ostasiatischen Fächer gezeigt haben, den breitesten Spielraum. Und während der Zeit des Barock und Rokoko hat man es bestens verstanden, diesen Spielraum nach allen Richtungen auszunutzen. Elfen- bein, Schildpatt, Perlmutter, Horn, edles Holz, Gold, Silber, Edelsteine und Lack sind als Materialien herbeigezogen worden. Man hat geschnitzt, durchbrochen, gesägt, ausgegründet, reliefiert, tauschiert, pikiert, intarsiert, farbig vergoldet, versilbert und lackiert, hat gemalt, gezeichnet, in Kupfer gestochen und radiert, um die Fächer so zu gestalten, daß sie der Herrinnen der Schöpfung würdig seien. Es ist ein Reichtum an Verfahrungsweisen, eine Erfindungskraft, eine Schaffensfreudigkeit und ein Geschmack in

Abb. 97. Fächer von Prof. Hans Bohrdt, Berlin. (Zu Seite 110.)

dieser Fächermacherei entwickelt vorden, vie in den Tagen des Mittelalters und der Renaissance bei den kirchlichen und profanen Prunkgeräten.

Die stilistischen Wandlungen von mehr als zveihundert Jahren spiegeln sich in den Fächern vieder. Die Spätrenaissance mit ihrer Ornamentik von ausgeklügelten Kartuschen, Masken, Vasen, Festons und Girlanden, in der die Anleihen an den römischen Stil noch zu spüren sind, das eigentliche Barock, charakterisiert durch starken Eklektizismus, dekorative Überladung, Bombast und Vorliebe für heroische Szenen und schwülstige Allegorie, das lustige, übermütige Rokoko mit seinen geschweiften Formen und Rahmen, seinem Muschel- und Grottenverk, seiner Fülle von Amoretten und leicht geschürzten Göttinnen und seinen Parkszenerien, in denen sich Dämchen und verliebte Kavaliere nach Herzenslust amüsieren, der ehrsame Zopf, der eine Reinigung des Rokoko durch Aufnahme antikisierender Formen anstrebt und vie ein Aschermittwoch nach tollem Fastnachtsspiel erscheint, und das steife Empire, das die Größe und den Ernst des Römertums nachzuäffen und das Wesen eines Brutus mit dem eines Cäsars zu verschmelzen sucht, sie alle reden in unverfälschten Zügen aus diesen Fächern. Auch in diesem Falle gibt sich zu erkennen, daß im Drange nach dem Schönen die verschiedensten Wege eingeschlagen verden. Und ver alle diese Anstrengungen übersieht, mag in jene Stimmung geraten, aus der heraus Fritz Stolberg flehte:

> „Süße, heilige Natur,
> Laß mich gehn auf deiner Spur,
> Leite mich an deiner Hand
> Wie ein Kind am Gängelband."

Für die Herstellung des Faltfächers in der ersten Hälfte des siebzehnten Jahrhunderts kommen vorwiegend in Betracht Italien, Spanien und Frankreich.

Die Gunst, deren sich der Fächer schon im sechzehnten Jahrhundert in Italien erfreut hatte, var der Anlaß zu einer hohen Leistungsfähigkeit auf dem einschlägigen Gebiete gevorden, die nun der Nachahmung des ostasiatischen Fremdlings zum Vorteil gereichte. Man gebot nicht nur über tüchtige Goldschmiede, Kunsttischler, Vergolder und andere kunstgewerbliche Kräfte, sondern auch über zahlreiche Maler, die sich als Gehilfen in den Ateliers bekannter Meister eine große Routine erworben hatten und, ohne die Fähigkeit selbständigen Erfindens zu besitzen, im Kopieren von Bildern und im Gouachieren nach Kupferstichen und Entwürfen sehr bevandert varen. Zudem stand außer Papier noch ein ausgezeichnetes Pergament zur Verfügung, das an Zartheit, Dauerhaftigkeit und Geschmeidigkeit alle fremden Sorten übertraf; es var für den Faltfächer vie geschaffen, denn beim Zusammenfalten entstanden keine Brüche, so daß die aufgetragenen Gouachemalereien unversehrt blieben; in einer eigentümlichen Weise zubereitet, var es so dünn vie Papier. Die Italiener suchten die Fabrikation mit dem Nimbus des Geheimnisvollen zu umgeben und setzten nicht ohne Erfolg die Meinung in Umlauf, als ob es sich um Hühner-, Kapaunen- und Schwanenhaut handle. Man sprach von „pelle di cappone" und „pelle di cigno" mit einem Ernst, als ob in Wahrheit diese beiden Vögel ihre Haut zu Markte tragen müßten. Die Franzosen haben die Benennungen aufgenommen — peau de poulet und peau de cygne vurden für sie mit peaux d'Italie gleichbedeutend. Auch heute ist die Bezeichnung „Schwanenhaut" aus der Fächerindustrie noch nicht verschwunden, viewohl der Vogel des Apollo und der Vogel des Petrus niemals für den angegebenen Zweck das Schicksal des bedauernswerten Marsyas geteilt haben. In Wirklichkeit versteckt sich hinter den wohlklingenden Namen „Schwanenhaut" und „Kapaunenhaut" nichts veiter als die Haut sehr junger Ziegen und Lämmer, die ungegerbt bleibt und einer sehr sorgfältigen und geeigneten Behandlung untervorfen wird. Erst vor fünfzig Jahren gelang es, hinter das Geheimnis der alten italienischen Herstellungsmethode zu kommen, und in unseren Tagen ist denn auch an „Schwanenhaut" kein Mangel mehr, viewohl sie lange nicht mehr so beliebt vie früher ist.

Mit allen Künsten und Listen nutzten die Italiener ihre Vorteile aus. Sie parfümierten auch, gerade so vie die Handschuhe, ihr wunderbares Pergament, damit

Abb. 39. Fächer von E. M. Geidel Goerlin, Berlin. (Zu Seite 128.)

es dem spanischen Corduan nicht nachstehe. Die hierzu erforderlichen Mittel werden sie wahrscheinlich aus den Parfümerien der unsern Nizza gelegenen Stadt Grasse bezogen haben, die schon damals wegen ihrer Kultur wohlriechender Pflanzen und ihrer Odeurs berühmt war. Genau so wie heute wurde bald dieses, bald jenes Parfüm in Mode erklärt, und so war auch später für Fächer ein duftendes Pergament geraume Zeit modern, das den Namen „Frangipane", nach dem Namen des galanten Marquis Frangipani, eines tonangebenden Modehelden, führte, weil dieser das betreffende Parfüm stark bevorzugt hatte.

Wenn Coryat erzählt, daß die Malereien auf den Fächern Ansichten italienischer Städte und Liebesszenen dargestellt hätten, so wird wohl auch das Mythologische nicht vernachlässigt worden sein, zumal die Carracci samt ihren Schülern gerade damals großen Beifall fanden. Annibale und Agostino Carracci hatten in der großen Galerie des Palazzo Farnese zu Rom die Liebesmythen aus der Götter- und Heroenwelt gemalt. Ihre Hauptbilder „Bacchus und Ariadne" und „Galatea" wurden enthusiastisch bewundert. Guido Reni schuf seine weltberühmt gewordene „Aurora" an der Decke des Palazzo Rospigliosi in Rom und außerdem zahlreiche andere mythologische Bilder, unter denen der „Raub der Europa" obenan steht. Nicht zu vergessen Domenichinos „Jagd der Diana" in der Galerie Borghese und die vielgepriesenen reizvollen Szenen Francesco Albanis, in denen sich Nymphen und Amoretten vergnügt in heiteren Landschaften tummeln. Das Mythologische entsprach dem Zeitgeschmack und hat in der Kunst des ganzen Jahrhunderts eine Rolle gespielt. Daß viele Motive den Novellen Boccaccios und den Dichtungen Tassos und Ariosts entnommen wurden, läßt sich gleichfalls voraussetzen, suchten doch auch die Maler der späteren Zeit an diesen klassischen Werken italienischer Literatur ihre Phantasie zu befruchten. So stand ein reiches Stoffgebiet zur Verfügung, das dem erotischen Charakter des Fächers vorzüglich entsprach.

In Spanien lagen die Verhältnisse nicht minder günstig. Zu dem leidenschaftlichen Naturell der Señoras hat der Fächer von jeher vortrefflich gepaßt. Der Faltfächer fand daher ein Absatzgebiet von größter Ergiebigkeit. An geeignetem Material für Fächerblätter war kein Mangel, denn pean d'Espagne hatte Weltruf erlangt, und Elfenbein, Schildpatt, Perlmutter und edle Hölzer wurden aus den Kolonien oder wenigstens aus längst erprobten Bezugsquellen beschafft. Zudem waren tüchtig geschulte Kunsthandwerker vorhanden, wenngleich die im Jahre 1610 von Philipp III. befohlene Vertreibung aller Morisfos dem Lande großen Schaden zugefügt hatte.

Frühzeitig müssen sich mit dem Bemalen der Fächerblätter recht leistungsfähige Künstler befaßt haben, denn von einem wird schon um die Wende des siebzehnten Jahrhunderts berichtet, daß er auf Grund seiner schönen Fächermalereien zum Hofmaler der Königin ernannt worden sei. Es war Cano de Arevalo, der nach der alten Erfahrung, daß fremde Erzeugnisse stets höher als die einheimischen geschätzt werden, seine mit hübschen Szenen bemalten Fächer für Pariser Arbeiten ausgab. Während des Winters fertigte er die Malereien in der Verborgenheit seines Ateliers an, und kam die Saison heran, so teilte er einem hochgeehrten Publikum mit: „Soeben aus Paris mit einer Anzahl neuer Fächer zurückgekehrt, beehre ich mich zu deren Besichtigung und Ankauf einzuladen." Der Erfolg ließ nicht auf sich warten, denn der schlaue Jünger des heiligen Lukas wurde seine Fächer reißend schnell los, und die Señoras schwelgten in dem glücklichen Bewußtsein, einen echten Fächer Pariser Art zu besitzen.

Die Hauptstadt Frankreichs war in den Bestrebungen, ihre hervorragende Stellung in der Mode zu festigen, unentwegt fortgefahren. Sie wurde wesentlich unterstützt durch den Luxus, den der Hof und der Adel unter Ludwig XIII. und Ludwig XIV. entfalteten, durch den gewaltigen politischen Einfluß, den der Staat unter Richelieu und Mazarin erlangte, und durch die klugen Maßnahmen, die nach Mazarins Tode Colbert zur Hebung der Industrie traf. Man lacht darüber, daß Ludwig XIV. noch der Übernahme der Regierung die Zahl der Perruquiers um einige Dutzend vermehrte. Aber abgesehen davon, daß solche Maßnahmen mit der Neuordnung des Zunftwesens und der Vermehrung der Zunftgenossenschaften zusammenhingen, spricht sich auch in ihnen die kluge

Abb. 99. Fächer von Prof. Anton von Werner-Berlin. (Zu Seite 128.)

Berechnung aus, die Vorherrschaft in der Mode Paris und Frankreich zu sichern und mit ihr einen nie versiegenden Goldstrom ins Land zu leiten.

Die Fächerindustrie konnte unter solchen Verhältnissen bestens gedeihen. Bereits im Jahre 1673 traten die Pariser Fächermacher in der Zahl von sechzig Mitgliedern zu einer geschlossenen Gemeinschaft zusammen. Wenige Jahre später, 1678, erhielt die Zunft die königliche Bestätigung und ihre verbrieften Rechte. Wenn auch die Austreibung der Protestanten durch die 1685 erfolgte Aufhebung des Edikts von Nantes eine Anzahl Fächermacher zum Verlassen des Vaterlandes nötigte und der spanische Erbfolgekrieg lähmend in Handel und Industrie eingriff, so blühte doch bald wieder das Gewerbe in einer Üppigkeit wie nie zuvor. Unter Ludwig XV. feierte es geradezu goldene Tage, trotzdem sich zeitweise eine wahre Hochflut billiger ostasiatischer Fächer über Paris ergoß. Mochte auch der Absatz der einheimischen Fächer in der Stadt etwas stocken, so blieb doch das weite Absatzgebiet des Auslandes, das sich in die völlige Abhängigkeit der Pariser Mode begeben hatte.

Es ist tief beschämend zu sehen, wie die wenigen Modejournale, die Deutschland damals besaß, nichts weiter als ein Abklatsch der französischen sind. Nicht als ob uns die nötigen Kräfte gefehlt hätten, im Gegenteil, es waren Männer im Handwerk vorhanden, vor deren Leistungen man den Hut abziehen muß. Erinnert sei nur an die Berliner Goldschmiede und Kunsttischler, Bronzisten und Ebenisten, die Friedrich der Große bei der Ausschmückung seiner Schlösser beschäftigte. Es ist erwiesen, daß jene kostbaren Tabatieren in schlesischem Chrysopras mit Rocaille in Gold, Edelsteinen und foliierten Brillanten, die der König, ein großer Dosenliebhaber, alljährlich nach eigenhändigen kleinen Skizzen in Auftrag gab, aus Berliner Ateliers stammen. Und wie in Berlin, so in Dresden, München und anderen Hauptstädten. Aber trotz der vorhandenen Leistungsfähigkeit innerhalb unserer Grenzen wirkte doch der Nimbus, mit dem die Pariser Mode umgeben wurde, wie ein berückender Zauber. Es fehlte das kraftvolle nationale Bewußtsein, das den Wert der eigenen Arbeit schätzt und sich ihrer mit Stolz rühmt.

Wenn man deutsche Fächer aus der Mitte des achtzehnten Jahrhunderts, wie sie in charakteristischen und schönen Beispielen das Kgl. Kunstgewerbemuseum in Berlin gesammelt hat (Abb. 67—72), mit französischen vergleicht, so kann man jenen, ohne sich eines Chauvinismus schuldig zu machen, sogar den Vorrang einräumen, denn sie sind in Malerei und Montierung individueller, sorglicher und haltbarer gearbeitet als die französischen, die immer einen Anflug flüchtiger Massenproduktion an sich tragen. Wurden trotzdem diese ausländischen Erzeugnisse den guten deutschen vorgezogen, so liegt es auf der Hand, daß hierdurch keine Kräftigung unseres heimischen Gewerbes erreicht werden konnte, dieses vielmehr dem Verfall anheimfallen mußte. Die Erlösung brachte uns die Einigung des Reiches, das neue deutsche Kaisertum. Und auf der Grundlage dieser festgekitteten Einheit dem deutschen Geschmacke nicht nur im eigenen Lande, sondern auf dem weiten Erdenrunde eine achtunggebietende Stellung zu sichern, sollte jedem Vaterlandsfreunde eine heilige Verpflichtung sein, mag auch die französische Mode noch so verführerisch gleißen und locken.

Die Franzosen haben die verschiedenen Phasen der Stilepochen mit dem Namen ihrer Könige belegt, weil die schrankenlose Gewalt, mit der die Machthaber geherrscht haben und der am Hofe entwickelte Luxus (Abb. 73 u. 74) in der Tat einen bestimmenden Einfluß auf die Mode ausgeübt haben. Auch die Fächer belegen sie mit dem Namen ihrer Monarchen — sie haben Fächer Louis XIII. bis hinauf zu Louis XVI.

Aus der Zeit Louis' XIII. sind nur noch wenige Fächer vorhanden. Sie zeigen in ihrer Ornamentik den Stil der französischen Spätrenaissance und in ihrer Malerei den Einfluß der italienischen. Es ist überaus schwierig, die Autorschaft dieser kleinen Gemälde, die ihre Vorwürfe meist der Mythologie und heroischen Erotik entlehnt haben, genau festzustellen. Auch für die späteren Fächer gilt diese Schwierigkeit. Sammler — und gerade in Paris gibt es eine Menge solcher Herrschaften — sind natürlich bestrebt, jeden Fächer, den sie erlangen, mit irgendeinem hervorragenden Maler in Verbindung

Abb. 108. Fächer von Prof. Ludwig Balsini-Berlin. Im Besitz von Frau Geb. Reg. Rat Hermann. (Zu Seite 130.)

zu dringen. Der große, heroische Lebrun, der höfisch-vornehme Mignard, der lebens-
wahre Rigaud, in dessen Bildnissen sich Kunst und Natur zu sein gestimmter Harmonie
paaren, die pomphaften Porträtisten Largillières und Nattiers, die Rains, welche schlichte
Szenen aus dem Landleben oder dem Treiben der Soldateska schildern, die beiden
Poussins und Claude Lorrain, der Maler lichtfreudiger heroischer Landschaften, nicht
zu vergessen den affektierten, süßlichen, in mythologischen Stoffen unersättlichen François
Lemoine, sie alle müssen ebenso wie der viel gefeierte graziöse Watteau, Pater, Lancret,
Detroy, der sinnliche Boucher, den Diderot mit seiner glänzenden Kritik niederschmetterte,
und der elegante Fragonard für die Fächermalereien ihren Namen hergeben. In Wirklichkeit sind diese Fächer mit wenigen Ausnahmen nicht beglaubigt. Selbst von Watteau,
der trotz seines kurzen, kränklichen Lebens eine erstaunliche Schaffenskraft bewiesen hat
und nach dessen Zeichnungen und Gemälden gegen 560 Blätter gestochen worden sind, ist

Abb. 101. Fächer von Fräulein Elli Hirsch. Aus den Ateliers von Conrad Sauerwald in Berlin W.
(Zu Seite 131.)

außer einem Fächerentwurf keine einzige Fächermalerei vorhanden, die ihm mit unumstößlicher Bestimmtheit beizumessen wäre. Mehr wie die „à la Watteau“ läßt sich nicht sagen. Es
ist nicht ausgeschlossen, daß die Künstler ebenso wie die großen Meister unserer Tage hin
und wieder einen Fächer für die Gebieterinnen ihres Herzens oder für irgendeine hohe
Person gemalt oder einige Entwürfe gefertigt haben, aber direkt für die Fächerindustrie
sind sie nicht tätig gewesen, denn diese Beschäftigung fiel, wie in Italien, Malern geringerer Bedeutung zu, die alle ihre reichen figuralen Kompositionen nach Kupferstichen
und gegebenen Entwürfen arbeiteten und die unbedeutenden Vorwürfe nach ihrer eigenen
Erfindung ausführten.

An Kupferstichen war kein Mangel, denn man lebte in einer Zeit, welche die Photo-
graphie noch nicht kannte und demgemäß auf Kupferstich und Radierung als Verviel-
fältigungsmittel angewiesen war. Der Grabstichel hat unter diesen günstigen Umständen
die glänzendsten Leistungen hervorgebracht.

Bei den Fächermalern standen vorzugsweise die Kupferstiche und Radierungen von
Theodor de Bry, Jacques Callot und Abraham Bosse in Gunst. Diese Künstler haben

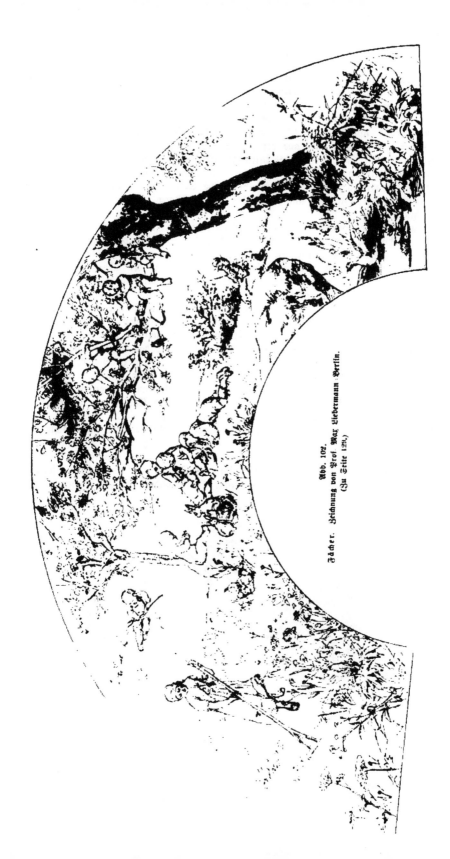

Fächer. Zeichnung von Prof. Max Liebermann-Berlin.
(Zu Seite 121.)

auch Entwürfe für Lichtschirme und Fächer geliefert, die großen Anklang fanden. Callot schildert in einem solchen Entwurfe ein 1619 in Florenz stattgefundenes Fest, das eine Seeschlacht zwischen den Königen Tessi und Tinta darstellte, und Bosse in drei Kartuschen, die von Masken, Festons und Amoretten umgeben sind, die Schönheit von Daphne, Venus und Adonis. Das Bossesche Blatt ist um so bemerkenswerter, als es aus dem Jahre 1638, also aus der Zeit Ludwigs XIII., stammt. Einige Entwürfe rühren von R. Loire her, der um die Mitte des siebzehnten Jahrhunderts bei R. Langlois in Paris ein Heft von sechs Blättern unter dem Titel „Desseins d'éventails et écrans" herausgab und mit ihm recht hübsche mythologische Szenen in Medaillonform samt den üblichen Amoretten, Festons und Girlanden bot. Ihnen gesellen sich noch manche andere hinzu.

Benötigten die Fächermaler anmutiger Grotesken oder sonstiger dekorativer Motive, so standen ihnen die reizvollen Schöpfungen Jean Bérains und die Ideenfülle in den Stichen des unermüdlich schaffenden Lepautre zur Verfügung. Nach dem Beginn des neuen Jahrhunderts konnte man sich Rat und Anregung in den „Dessins à plusieurs usages" von Bernard Toro und bei den dekorativen und ornamentalen „Gedanken" von Daniel Marot holen. Und wer recht modern sein wollte, um als echter Jünger des Rokoko zu erscheinen, studierte Meissonier, Oppenord, Cuvilliés, Jacques de la Joue und die anderen Koryphäen der Rokokoornamentik, die in Zeichnungen und Stichen ihrem schöpferischen Drange die Zügel schießen ließen und Ausgezeichnetes geleistet haben.

Freilich, Hauptsache für die Fächerblätter blieb immer das figurenreiche Bild mit seinem mythologischen, heroischen oder erotischen Inhalt, seinen hoheitsvollen Göttern, unter denen auch Ludwig XIV. nicht fehlt, seinen verführerisch lächelnden Göttinnen, Helden, Grazien, Schäferinnen und Kavalieren. Als Watteaus Malereien mit ihren Darstellungen üppiger Parkszenerien, galanter Feste, zärtlicher Causerien und Tändeleien und die verwandten Schöpfungen Lancrets erschienen (Abb. 75—77), war das „à la Watteau" bei den Fächermalern zur Parole geworden. Mit höchstem Eifer suchten die geschäftigen Pinselhelden auf Pergament, Papier und mehr noch auf Seide ihrem großen Vorbilde nahe zu kommen, aber weder die reizende Finette, noch den täppischen Gille, weder die Kavaliere in den Seidenwämsern und die Dämchen in den lockeren, faltigen Seidenroben, noch die große und doch so intime Parklandschaft, die sich immer wie ein

Abb. 103. Fächer von Anton von Werner. (Zu Seite 128.)

Abb. 104. Fächer von Anton von Werner. (Zu Seite 128.)

echtes Dorado der Venus ausnimmt, vermochten sie in ihrem bestrickenden Zauber wiederzugeben. Und doch verdienen diese Fächermaler, deren Namen fast sämtlich in den breiten
Strom der Vergessenheit geraten und spurlos hinweggeschwemmt sind, aufrichtige Bewunderung, denn meist beweisen sie ein erfreuliches technisches Können, eine Leichtigkeit
und Duftigkeit des Vortrages und ein Verständnis für Koketterie und Schäferidylle, wie
sie erwünschter für das Schmücken der Fächer nicht sein konnten (Abb. 78 u. 79).

Das übliche Malverfahren war das Gouachieren, das Arbeiten mit Deckfarben,
die übereinander aufgetragen werden können, ohne daß sie durchscheinen, und die mithin
jeden beliebigen Grund zulassen, zumal die Lichter nicht ausgespart, sondern mit hellen
Farben aufgesetzt werden. Das Aquarellieren, das Malen mit Wasserfarben in moderner
Art, kannte man noch nicht, da es zur Kunst erst seit der zweiten Hälfte des achtzehnten Jahrhunderts von den Engländern ausgebildet wurde. Allerdings sind schon
von den älteren Meistern, insbesondere von den Holländern, Skizzen leicht koloriert
worden, aber es handelt sich in diesem Falle nur um getuschte, lavierte Zeichnungen, die
mit der Feder oder dem Silberstift flüchtig hingesetzt waren, nicht aber um wirkliche
Aquarellgemälde, wie sie in unseren Tagen ein Ludwig Passini oder ein Hans Bartels
ausführt. Solche kolorierten Kompositionen finden sich auf den alten Fächern sehr selten
— man zog eben das Gouachieren wegen der kräftigeren koloristischen Wirkung und
dann auch wegen des besseren Haftens der Farben auf dem glatten Pergamentgrunde jedem
anderen Verfahren vor.

Mit dem Fächerbilde in bester Harmonie stand das Gestell. Die beiden Deckblätter
und der sichtbare Teil der Stäbe, der vom Dorn bis zum Fächerblatte reicht, dann aber
in eine einfache Spitze übergeht, erfuhren eine künstlerische Ausbildung, deren bestrickender Reiz jenen der Tabatieren, diesen kostbarsten Leistungen der Kleinkunst des Rokoko,
nicht viel nachsteht. Bis zur Mitte des achtzehnten Jahrhunderts wurden die Stäbe,
deren Zahl zwischen sechzehn und zweiunddreißig schwankt, auf der sichtbaren Strecke
so breit gemacht, daß sie nach dem völligen Auseinanderfalten des Fächers eine Fläche
bildeten (Abb. 72 u. 79). Diese bot für kleine figurale und ornamentale Kompositionen
in Flachrelief, Vergoldung, Tauschierung, Durchbrucharbeit und anderen zulässigen Techniken genügenden Raum. Farbe, Gold und Inkrustation von graviertem Perlmutter
wurden zu dem Elfenbein, aus dem die Gestelle mit Vorliebe gefertigt wurden, in feinster

8*

Abb. 105. Fächer von E. A. Fischer-Coerlin. (Zu Seite 128.)

Weise gestimmt. In zierlichen Kartuschen, Umrahmungen und Medaillons schilderte man
die Helden von Troja, die jugendstarken römischen Jünglinge mit den geraubten Sabine-
rinnen, die Begegnung zwischen Alexander und der Frau des Darius, Episoden aus den
Dramen Corneilles und Racines, das idyllische Dasein der Schäfer und holden Schäferinnen und, als sich die Vorliebe für das Chinesentum immer mehr steigerte, Szenen aus
dem chinesischen Leben in Verbindung mit entsprechenden Ornamenten, bekannt unter der
Bezeichnung „Chinoiserien". Auf den Deckblättern setzt sich der Reichtum an Motiven fort
— auch hier sind Medaillons, Figuren, Jagdszenen, Grotesken und Arabesken in geschickter
Anordnung dem langen, schmalen Felde eingefügt. Handelt es sich um kostbare Pracht-
exemplare, so sind auch Edelsteine eingelassen oder Gold- und Silberplatten mit klarem
Email, dessen schöne Wirkung durch ein feines Guillochis noch gesteigert ist. Der Fächer
ist eben ein Luxusgerät geworden und wird mit dem Edelsten und Besten bedacht, dessen
die Technik fähig ist.

Es würde zu weit führen, auf die zahlreichen Modelaunen, denen der Fächer während
der Zeit des Barock und Rokoko unterworfen wurde, näher einzugehen, denn jedes Jahr,
jede Saison, jedes Fest brachten Veränderungen. Die Größe und Faltausdehnung des Fächers
haben in dem bunten Durcheinander gewechselt, zumal in dieser Beziehung das gewählte
Material nicht ohne Einfluß war. Jedenfalls sind die Fächer zur Zeit Ludwigs XIII.,
mit denen Marion Delorme und Ninon de l'Enclos gefächelt haben, wenig mehr als
handgroß gewesen. Um die Mitte des siebzehnten Jahrhunderts wird der Fächer erheblich
länger und hundert Jahre später weist er sogar zwei Handlängen auf, um dann allmählich wieder kleiner zu werden und im ersten Viertel des neunzehnten Jahrhunderts
sogar auf Handgröße zurückzusinken.

Kurz nach 1670 wurden Spitzenfächer mit Malereien in Medaillons beliebt. Der
Grund für diese neue Mode lag in dem Bestreben Colberts, für seine Spitzenmanufak-
turen genügende Aufträge zu erhalten. Bereits seit dem Jahre 1665 wurden auf seinem
Schlosse Louray bei Alençon im Departement Orne mit Hilfe venezianischer Arbeiterinnen
die duftigen Nadelarbeiten in vorzüglicher Qualität gefertigt. Zuerst nannte man sie
points de France, später points d'Alençon. Als eigenes französisches Fabrikat wurden sie
hochgepriesen und gegenüber dem italienischen und deutschen nach Möglichkeit bevorzugt.

Dann folgten die Elfenbeinfächer in Vernis Martin, die mit einem Enthusiasmus aufgenommen wurden, als seien nun sie das Ideal aller Fächer. Ihr Vater war der Pariser Wagen- und Sänftenlackierer Martin. In Ausübung seines Berufes hatte er einen durchsichtigen Firnis erfunden, der sich wie der japanische Lack waschen ließ und diesem an Haltbarkeit nichts nachgab. Mit seinem Firnis fixierte Martin die Gouache- und Wasserfarben derart, daß sie nicht nur einen schönen Glanz, sondern auch eine außerordentliche Widerstandsfähigkeit erhielten. Vorwiegend fand Vernis Martin für Teilfächer in Elfenbein Verwendung. Bei ihrer Dekoration wurde dem chinesischen Geschmack nach Kräften gehuldigt.

Überhaupt ist China nie mehr als in jenen Tagen gefeiert worden; die Söhne der Mitte wurden als Kulturträger ersten Ranges angestaunt, und ihre Bewunderer waren ergriffen von einem Lack- und Porzellanfieber, das an Heftigkeit dem Goldfieber nichts nachgab. In der ungemessenen Verehrung chinesischer Leistungen wurzeln auch die damalige Lieblingsbeschäftigung fürstlicher Personen mit der edlen Kunst des Drechselns und die Vorliebe für Elfenbein. In feinstem Verhältnis standen dazu die gedrechselten Verse Despréaux', des vielgefeierten Gesetzgebers des Geschmackes, der in der französischen Klassik neben „Le grand Corneille" und Racine genannt wird.

Wunderlich ist damals so vieles gewesen — die drei Einheiten, die Perücke und die fächelnden Höflinge, die ebenso wie die Damen in der „Fächerakademie" die Fächersprache erlernten. Freilich, sie war kein Staatsinstitut, diese Fächerakademie, sondern nur die Schöpfung einer Privatperson, aber sie hatte großen Zuspruch und wurde als ein Bedürfnis empfunden. Sogar in London entstand ein Institut gleicher Art, gegründet unter der Anteilnahme französischer Fächermacher, die infolge der Aufhebung des Edikts von Nantes in England Zuflucht gesucht hatten. Und zur Ehre der englischen Damen sei es gesagt, daß sie auf eine elegante und formvollendete Fächersprache immer großen Wert gelegt haben, trotzdem man nach den Spottbildern Hogarths zur entgegengesetzten Ansicht gelangen könnte (Abb. 80 u. 81).

Fächersprache, die galanteste Sprache der Welt, fand in diesen Instituten eine klassische Pflege. Lieben, Fürchten, Hoffen, Hassen, Verachten, wie überhaupt jede Gefühlserregung wurde mit dem Fächer klar und graziös ausgedrückt. Man verfuhr bei den anmutigen

Abb. 106. Fächer mit Figuren aus der Zauberflöte. Auf Elfenbein gemalt von Paul Meyerheim. (Zu Seite 130.)

Seiten, aus denen sich die Sprache zusammensetzt, nach dem Prinzip, daß der Wogenschwall der Leidenschaft nie das Schöne überfluten dürfe. Par distance darf man sich mit dem Fächer den Kuß zu, forderte zum Stelldichein auf, mahnte zur Vorsicht und drückte seine Verwunderung, seinen Ärger, sein Leid, seine Hoffnung aus. Wer mit geschlossenem Fächer nach dem Herzen deutete, gestand seine Liebe; wer ihn schnell durch die linke Hand zog, beklagte sich über Untreue; wer ihn umgekehrt in der rechten Hand hielt, beschwerte sich über Verschlossenheit; wer ihn zur Spitze der Nase führte, warnte vor Lauschern; wer mit ihm die rechte oder linke Wange berührte, verneinte oder bejahte eine Frage (Abb. 45 u. 46). Über den geöffneten Fächer hinwegschauen, hieß, daß der Ersehnte am Abend erwartet werde. Aus der Zahl der Falten, über die der Finger fuhr, war die Stunde des Stelldicheins zu entnehmen. Durch schnelles und hörbares Zusammenklappen wurde das Stelldichein für unmöglich erklärt, aber durch ein langsames Schließen pünktliches Erscheinen zugesagt. Bedenkzeit wurde erbeten, indem man den halb geöffneten

Abb. 107. Fächer von Paul Meyerheim. Im Besitz von Fräulein Christine Becker. (Zu Seite 130.)

Fächer sinnend betrachtete und auf den Schoß legte, und die angenehme Mitteilung, daß eine Werbung auf Erhörung rechnen dürfe, fand ihren Ausdruck in dem langsamen Entfalten und freundlichen Beschauen des Fächers.

Zu ausgebildet ist die Grammatik dieser zweifellos von Amor und Psyche gezeugten Sprache, um sie hier erschöpfend behandeln zu können. Es würde ungalant sein, sie für eine tote Sprache zu erklären, aber so ganz auf der klassischen Höhe wie früher steht sie nicht mehr, mag auch in Paris zur Zeit der Modekaiserin Eugenie durch Gründung einer neuen Fächer-Akademie der Versuch gemacht sein, ihr die ehemalige Reinheit und Bedeutung wiederzugeben. Aus der goldenen Fächersprache ist eine silberne geworden, wie aus der goldenen Latinität eine silberne und schließlich ein recht fragwürdiges Küchenlatein.

Wer unter Ludwig XIV. und Ludwig XV. in der Fächersprache bewandert war, konnte sein Glück machen. Einige Hilfsmittel traten noch fördernd hinzu: der Dorn des Fächers wurde von findigen Köpfen als kleines Fernrohr ausgebildet, und ins Fächerblatt wurden kaum sichtbar winzige Fensterchen aus Glas oder Glimmer eingelassen, so daß der Fächerin ein unbemerktes Rekognoszieren des Vorgeländes bestens ermöglicht wurde. Es scheint, als

Abb. 108. Radfächer mit Malerei von Paul Meyerheim. (Zu Seite 130.)

ob List und Schelmerei im Bunde mehr zu einem Ausbunde der Ge- Als das Rokoko seine tollen, auch das Gestell des Fächers in den gezogen. Mit der geraden Linie der schreiben unten, wo sie sichtbar sind, Windungen und seltsame Figuren. Schnörkeln umher, Blumengewinde empor, Schmetterlinge wiegen sich auf Freude. Sonderbare Fächerarten Art nimmt im geschlossenen Zustande mus an den Stäben unten die Form Blättern und Früchten an. Die nannt ...en corbeille, sehr begünstigt tauft auf den Namen „Kabriolett". blatt in eine untere und eine obere

gewesen seien, um den Fächer immer fährlichkeit zu stempeln. übermütigen Launen äußerte, wurde Hexensabbat der Schnörkel hinein- Stäbe ist es vorbei — sie be- schwungvolle Bogen, schlangenartige Amoretten klettern zwischen den schlingen sich üppig und phantastisch den Blüten — alles atmet sommerliche kommen jetzt in Menge vor. Eine vermöge eines sinnreichen Mechanis- eines Blumenkorbes mit Blüten, Pompadour soll diese Fächer, ge- haben. Bei einer anderen Art, ge- oder „Galeriefächer", ist das Fächer- Zone getrennt, so daß zwischen beiden als Mittelzone der entsprechende Teil sämtlicher Stäbe im reichsten Schmucke der Schnitzerei, Inkrustation und vierfarbigen Vergoldung sichtbar ist. Wieder eine andere Art zeigt einige reich ausgebildete Stäbe über das Fächerblatt gelegt, so daß dieses gleich einem Triptychon geteilt ist. Eine Mannigfaltigkeit herrscht, wie sie eben nur unter dem Einflusse der beweglichen, veränderungssüchtigen Mode möglich ist, die heute die höchste Magerkeit und morgen so gewaltige Reifröcke proklamiert, daß die Satire lachend über menschliche Torheit ihre Geißel schwingt (Abb. 74, 82 u. 83).

Als Fächerblatt wird Seide im Rokoko bevorzugt. Ebenso erscheinen schon aufgenäht die zierlichen Flitterscheibchen in Gold und Farben, die sogenannten „paillettes", aber immer noch maßvoll und sich der Malerei harmonisch einfügend. Statt der Malerei beginnen auch kolorierte Kupferstiche Verwendung zu finden, obwohl ihre Wirkung mit den drei aufgetragenen Farben des Pinsels nicht wetteifern kann. Leider werden diese Farben allmählich kraftloser, blasser und kreidiger, denn der Zopf hat bereits seine Herrschaft angetreten und ist bestrebt, mit der Farbenfreudigkeit des Rokoko nach Kräften zu

Abb. 109. Fächer von Paul Meyerheim. (Zu Seite 130.)

brechen. Und in diesen zarten, gleichsam ersterbenden Farben werden Medaillons mit Urnen, Trauerweiden, Tränenkrügen und Freundschaftstempeln gemalt, denn es war eine rührselige Zeit, in der man über den Werther und bei den sanften, überirdischen Klängen des Franklinschen Glasharmoniums, wie Jean Paul schildert, Zähren vergoß (Abb. 84).

Nur die Pariser Elemente waren nicht so tränenselig. Kurz vor der Revolution lasen sie die schlüpfrigen Boudoir- und Schlafzimmergeschichten, die Louvet de Couvray in seinem bekannten Roman „Les amours du Chevalier de Faublas" auftischt, und dann schwangen sie sich zu der heroischen Größe des Römertums empor, gaben katonischer Strenge die Ehre, schwärmten für Brutus und die Mutter der Gracchen, verwünschten die Tyrannen und verliehen nach alter Gewohnheit diesen Empfindungen in der Mode bezeichnenden Ausdruck.

Auf den Fächern finden die Zeitereignisse in Bildern, Verien und Sentenzen ihren Niederschlag. Die Wogen der Revolution türmen sich höher und gewaltiger und schlagen schließlich vernichtend über das ancien régime zusammen, König, Königin und Dauphin unter sich begrabend. Mit erstaunlicher Geschwindigkeit schreitet die Emanzipation unter den Frauen vorwärts: man nimmt Stellung für und gegen die Monarchie, für und gegen die Männer des Umsturzes, tritt in bemerkenswerter Weise hinaus in das öffentliche

Abb. 110. Fächer. Gema:
Nach einer Originalphotographie von Franz f

von Eduard Grützner.

Karngl in München. (Zu Seite 130.)

Abb. 111. Fächer von Paul Meyerheim.
Im Besitz von Frau Geh. Reg.-Rat Prof. Dr. von Kaufmann. (Zu Seite 130.)

Leben, hält Ansprachen, vereinigt in seinen Salons die Gleichgesinnten und macht von sich reden.

Der Fächer der Bürgerinnen ist nicht mehr der alte, auf dem die Amoretten um Daphne, Chloe und Amynten schwärmten, sondern ein recht ernsthafter Gesell, der meist für Freiheit, Gleichheit und Brüderlichkeit eintritt. Die Nationalversammlung, Robespierre, Danton, Marat und andere Größen der Revolution werden in schwungvollen Phrasen verherrlicht; die Repräsentanten des Volkes, die wichtigen Ereignisse, die sich nach der Erstürmung der Bastille abspielten, die Proklamation der Vernunft, die Vernichtung der französischen Geistlichkeit und viele andere Begebenheiten gelangen auf den Fächern ebenso zur bildlichen Darstellung, wie einige Jahre vorher die Auffahrten der Luftschiffer Charles auf dem Champ-de-Mars und Montgolfier in Versailles. Viele dieser Fächer zeigen auf Papier Farbenstiche in Punktiermanier, meist in recht guter Ausführung. Auf einem sieht man auf der Vorderseite die Bildnisse von Lafayette, Robespierre, Marat, Pétion, Mauri, Necker und Bailly, auf der Rückseite hingegen eine sehr dramatische Szene: den Tod, der seine Sense in Robespierres Nacken schlägt, und darüber die Inschrift: „Acte constitutionnelle de 1793, liberté, égalité ou la mort." Daß Charlotte Corday gleichfalls auf dem Fächer zur Verherrlichung gelangt, ist selbstverständlich. Später folgt eine Galerie schöner Frauen, an ihrer Spitze Madame Tallien, bekannt durch ihre exzentrischen Kostüme à la grecque. Nicht zu vergessen sind die Assignatenfächer, auf denen die berüchtigten Anweisungen fein säuberlich aufgeklebt oder in Kupferstich wiedergegeben waren, und die Vexierfächer, meist Teilfächer in Holz oder Elfenbein, bei denen die Stäbe, je nach der einen oder der anderen Seite entfaltet, zwei verschiedene Bilder oder Serien von Bildnissen aufwiesen. Dies ermöglichte in bester Weise, sich mit einem solchen Fächer sowohl als begeisterte Verehrerin der Revolution, wie auch als getreue Legitimistin anzuspielen, denn nach Bedarf konnten die Porträts der Revolutionshelden oder die der königlichen Familie hervorgezaubert werden.

Der Geschmack der Zeit, der sein Ideal in Weiß und Grau fand, brachte es mit sich, daß auch getuschte Sepiaveduten, Feder- und Rötelzeichnungen auf den Fächerblättern erschienen, und daß Malereien in Nachahmung der Kameeen und der sehr in Gunst stehenden Wedgwoods, jener weißen, flachen Reliefs auf blauem Grunde, welche der berühmte Töpfer Josiah Wedgwood in Verbindung mit dem Bildhauer John Flaxman in seiner 1766 bei Newcastle upon Tyne gegründeten Fabrik Etruria herstellte, bevorzugt wurden. Sogar Reproduktionen antiker Vasengemälde und geschnittener Steine fehlen nicht, denn das Schwärmen für die Kunst des klassischen Altertums gehörte zum guten Ton.

Wärmer und wohltuender berühren gewisse patriotische Fächer, die vornehmlich gut preußischer Herkunft sind. Einer, der sich im Besitze des Hohenzollern-Museums zu Berlin befindet, enthält eine Verherrlichung Friedrichs des Großen. Unterhalb eines mit dem Relief-Bildnis des großen Königs geschmückten Denkmals stehen die Verse:

> „Hier ruht der Preußen Friedrich,
> Zur Grabschrift ist genug: der Zweite,
> Darunter ein Gedankenstrich,
> Denn was der große Friedrich war,
> Das weiß noch über tausend Jahr
> Die Welt so gut, wie heute."

Sehr schön ist ein in Kupfer gestochener Entwurf für ein Fächerblatt von Daniel Chodowiecki. Der Vorwurf ist eine Apotheose Friedrichs des Großen und nimmt in allegorisch-symbolischen Ornamental-Kompositionen bezug auf den Genius des Königs, der für ewig über den Tod triumphiert. Überhaupt sind Fächer und Damen Vorwürfe, die Chodowiecki ernst oder launisch stets mit entzückendem Reiz zu behandeln weiß (Abb. 83 u. 85). Ebenfalls von ihm rühren die Entwürfe zu Fächerblättern her, die zu Ehren der Thronbesteigung Friedrich Wilhelms II. gefertigt wurden; auf dem einen sieht man die Büste des Königs, bekränzt von Amoretten und umgeben von den Gestalten der Borussia und der Fruchtbarkeit, auf dem zweiten die Krönung der königlichen Büste durch den Genius des Lichtes. Humorvoll berührt es, daß einige findige Engländer an Stelle der Büste Friedrich Wilhelms II. jene Ferdinands VII. von Spanien setzten, die Borussia in eine Britannia und die Fruchtbarkeit in eine Hispania umtauften, indem sie das spanische und das englische Wappen hinzusetzten, um auf diese Weise einen Fächer zu erhalten, der würdig die Alliance Spaniens und Englands feierte.

Andere Fächer rühmen Friedrich Wilhelm III. und seine edle Gemahlin Luise. Schlichte Papierfächer sind es. Einer zeigt in einem kolorierten Stich, der in Punktiermanier ausgeführt ist, die Büsten des Königspaares, bekränzt von den Genien des Friedens, des Überflusses, der Gerechtigkeit und der Borussia. Auf einem zweiten ist innerhalb eines

Abb. 112. Der Traum. Fächermalerei von Prof. M. Seliger. (Zu Seite 130.)

Abb. 118. Fächer von Fräulein M. B. Beiler. (Zu Seite 130.)

großen Medaillons das königliche Paar mit seinen beiden ältesten Kindern, dem nachmaligen König Friedrich Wilhelm IV. und Kaiser Wilhelm dem Großen, dargestellt. König und Königin sitzen auf dem Sofa, die jugendlichen Prinzen haben sich zu den Eltern hinaufgeschwungen und stehen jubelnd neben ihnen. Es ist eine Szene stillen häuslichen Glückes, zu der die Unterschrift lautet: „Preußens Völker huldigen Ihnen." Auf einem dritten Fächer erscheinen die königlichen Eltern inmitten ihrer gesamten Kinderschar. Dieser Fächer ist reicher als die anderen ausgestattet, denn das Fächerblatt besteht aus weiß-geblümter Seide und die Montierung aus Silber.

Im Zusammenhange mit den patriotischen Fächern möge auch noch einiger Fächer gedacht werden, die sich im Besitze Luisens oder ihrer Anverwandten befanden. Aus der Jugendzeit der Königin stammt ein als Spielzeug benutzter Kinderfächer, ein kleines, niedliches Ding, von weißer Seide, mit Silberflitter und Elfenbeingestell. In der Mitte des Fächerblattes sind zwei von einem Pfeil durchbohrte Herzen mit der Überschrift „Union" gemalt. Ein Fächer mit blauem Papierblatt, auf dem sich Inschriften befinden, und mit schlichtem Holzgestell stammt nach der eigenhändigen Erläuterung des hochseligen Kaisers Friedrich aus dem Nachlasse der Schwester der Königin Luise, der Fürstin Therese von Thurn und Taxis, geborenen Prinzessin von Mecklenburg-Strelitz. Im Jahre 1875 gelangte er als Geschenk der verwitweten Fürstin zu Thurn und Taxis, geborenen Prinzessin von Öttingen-Spielberg, in den Besitz des damaligen Kronprinzen. Die Inschriften bestehen in Beteuerungen der Freundschaft, Wertschätzung und Liebe. Friedrich Wilhelm III. schreibt: „Vous me rendrez bien heureux en me conservant Votre souvenir et Votre amitié. Frédéric Guillaume." Und die Königin Luise: „Ma bien aimée Thérèse restera la même pour moi, je ne change qu'en mourant. Votre amie Louise." Das „je ne change qu'en mourant" sollte sich nur zu bald erfüllen — Preußens Königin sank in der Blüte der Jahre dahin. Der Trauerfächer, den die Damen nach dem Tode der edlen Verblichenen eine Zeitlang trugen, zeigt auf schwarzem Grunde die Gestalten der Parzen, die den Lebensfaden grausam durchschneiden.

Wieder zur Zeit des Direktoriums zurückkehrend, bemerkt man, wie die Fächergestelle und überhaupt der ganze Fächer allmählich ärmlicher werden. Außer Elfenbein (Abb. 86) wird vornehmlich Palisander und Mahagoni verwendet. Für Mahagoni, das aus Mittelamerika und in bester Qualität von den westindischen Inseln bezogen wurde, war man eingenommen, weil es zu den „Nouveautés" gehörte. Obwohl manches dieser Fächergestelle einen Schmuck in eingelegter Arbeit, Intarsia, erhalten hat, ist die Wirkung immer sehr bescheiden. Die Not der Zeit begann sich überall bemerkbar zu machen,

Abb. 114. Fächer von Prof. Max Koch. Aus den Ateliers von Conrad Sauerwald in Berlin W.
(Zu Seite 130.)

selbst in Frankreich, trotz der Siege des kleinen Generals in Italien und an den Pyramiden. Und dann auch — die Liebe zum Fächer begann allmählich, erst leise und kaum merklich, dann schneller und fühlbarer, zu erkalten. Es ist bezeichnend, daß der Fächer in dem Toilettenreichtum der verschwenderischen Josephine, Napoleons erster Gemahlin, nur in sehr geringer Zahl vertreten war: einige hundert Roben und nur ein paar Fächer. Zwar wurde versucht, ihm die Gunst des Publikums durch eigenartige Neuheiten zurückzuerobern, aber groß ist der Erfolg trotz aller Anstrengungen nicht gewesen.

Zu den damaligen Überraschungen gehören die radförmigen Lorgnonfächer, so benannt, weil ihr Griff als verstellbares Objektiv ausgebildet ist. Oft ist dem Lorgnant ein Spiegel zugesellt. Sehr geschmackvoll sind diese Fächer nicht, zumal wenn sie in Horn und nicht in dem edleren Schildpatt ausgeführt sind. Durch zierliches Ausschneiden der Stäbe, die man wie Pfauen- oder Straußenfeder oder in Zacken auslaufen ließ, und durch Vergolden und Inkrustieren mit Stahlplättchen wurde zwar der Fächer annehmbarer gemacht, aber infolge seiner geringen Größe und häßlichen Verbindung mit dem Lorgnon kommt er über die plumpe Gesamtwirkung nicht hinweg. Horn wurde damals mit ausgesprochener Vorliebe verwendet, sehr wahrscheinlich unter dem Einflusse eines massenhaften Materialzustromes aus Amerika. Zierlich ausgesägte Hornfächer oder solche, die grau in grau auf grünem oder andersfarbigem Grunde bemalt sind, gehören auch jetzt noch nicht zu den Seltenheiten. Daß Radfächer in Lichtschirmform aus blauer oder grüner Seide, Faltfächer mit Farbendruck, Gestelle in Stahl, mexikanische Sandelholzfächer in durchbrochener Arbeit, Tüllfächer mit rot lackiertem Gestell und sogar Strohfächer auftauchten, beweist, wie zähe die einschlägige Industrie den Fächer hoch zu halten suchte.

Eine besondere Stelle unter den mehr oder weniger zierlichen Genossen um die Wende des achtzehnten Jahrhunderts nimmt der sogenannte „Sulzerfächer" ein. Er ist gewöhnlich bezeichnet: „Peint et monté par J. Sulzer au Rossignol à Winterthur." Sulzer war ein tüchtiger Künstler, der das Malen von Fächern zu seiner Spezialität gemacht hatte. Statt der Gouachetechnik bediente er sich schon der Aquarelltechnik. Landschaften mit Staffage und besonders Szenen aus dem Schweizer Sennenleben sind die Vorwürfe, die er mit Vorliebe wählte. Meist sind die Bildchen von Blütenzweigen umrahmt, an denen zwei Blumenkörbe, Vogelkäfige oder Laternen hängen, die zum Hindurchsehen eingerichtet sind. Diese eigenartigen Fensterchen können geradezu als Künstlermarken Sulzers gelten. Auf der Rückseite seiner Fächer hat er Hirtenattribute, Insekten und Blumen gemalt, die in ihrer trefflichen Durchführung dem Können des Meisters gleichfalls das beste Zeugnis ausstellen.

Nur noch eine kurze Glanzzeit war den Fächern beschieden in der schicksalsreichen Periode des Empire. Reich in Goldflitter ausgeführte Blumenornamente und Palmetten auf Seide oder auf Tüll, dazu die Gestelle in Perlmutter mit Einlagen und Inkrustationen von verschiedenfarbigem Golde, so gesellt sich der Fächer prunkvoll schimmernd zum Seidenkostüm, das die leichten Roben von Linon, Krepp und Flor verdrängt hat. Die Inkrustationen mit Flitter sind so stark, daß der Empire-Fächer geradezu schwer erscheint und zudem eine metallische Leuchtkraft entwickelt, die ins Auge sticht und an den Aufputz der Akrobaten erinnert.

Nach den Modejournalen zu urteilen, muß der Radfächer beliebter als der Faltfächer gewesen sein; dieser schrumpft schließlich unter Handgröße zusammen, während jener seinen recht stattlichen Durchmesser und seinen langen Stiel beibehält. Mit ihnen treten in Mitbewerb um die Zuneigung der Damen — es war im Jahre 1804 — sehr kleine Sonnenschirmchen von grüner Seide, sogenannte Kuider, und handgroße grüne Stielfächer in Form eines getreu nachgebildeten Platanenblattes. Die Sonnenschirmchen halten sich in Gunst, aber die Stielfächerchen verschwinden bald und allmählich auch die anderen Fächer, die Rad- und die Faltfächer.

IX.

Im neunzehnten Jahrhundert.

Als das Kaiserreich gestürzt und der Cäsar in die Verbannung nach dem stillen Felseneilande Sankt Helena gezogen war, begrub die Mode auch den Fächer.

Gewiß, die Mode hatte ihn begraben, aber er war nur — scheintot gewesen und er fühlte sich nach einiger Zeit der Ruhe wieder kräftig genug, um ins Leben zurückzutreten und auch fernerhin als getreuer und verschwiegener Kavalier die Damen auf ihren Kriegszügen gegen das Ewig-Männliche zu begleiten. Gleichwohl läßt sich bis

Abb. 115. Fächer von E. Zimmer. Aus den Ateliers von Conrad Sauerwald in Berlin W.
(Zu Seite 130.)

um die Mitte des neunzehnten Jahrhunderts über die Geschichte des Fächers nicht viel
berichten, es sei denn, daß die ritterlich-romantische Restauration einen Federfächer
modern zu machen suchte, der sich ungefähr ausnahm wie der Federbusch auf dem Helm
eines edlen Rittersmannes, der vor einem halben Jahrtausend ins Turnier ritt, und
daß der Dey von Algier am 30. April 1827 dem französischen Kaufni M. Deval den
Fächer an den Kopf warf und für diese Missetat mit dem Verlust seines Landes
und seines Thrones bestraft wurde. Kam die Mode zeitweise auf den Fächer zurück, so
ließ sie ihn nur in kleiner Form und als Teilfächer zu. Aber trotz der Teilnahmlosigkeit,
unter der er litt, zeigte er sich, entsprechend seiner großen Vergangenheit, zuweilen in
wirklich bewundernswerter Ausstattung. Einige Exemplare deutscher Herkunft, welche
das Kgl. Kunstgewerbemuseum zu Berlin besitzt, bestehen aus Fischbein und durchbrochenen
Hornplättchen, beide mit Malerei in Gold und Farben, und aus spitzenartig durchbrochenem
Elfenbein (Abb. 87—89). Es sind Erzeugnisse kunstgewerblichen Fleißes, die das höchste
Lob verdienen und würdig sind, von der schönsten Frauenhand geführt zu werden.

Erst nach dem Jahre 1850 beginnt der Fächer wieder merklicher in den Vordergrund
zu treten. Der Hof des dritten Napoleon und der Kaiserin Eugenie war dem Fächerspiel sehr gewogen, und der Pariser Fächerfabrikant Alexandre hatte es sich angelegen
sein lassen, ein vortreffliches Pergament einzuführen und hervorragende Maler, wie
Ingres und Léon Coignet, für eine Verjüngung des Fächers zu interessieren. Die
Erfolge ließen nicht auf sich warten, denn bald befand sich die Pariser Fächerindustrie
im vollsten Aufschwunge und auch Dieppe und die Ortschaften Téluge, Andeville,
Crèvecoeur, Méru und vornehmlich Sainte-Geneviève im Departement der Oise, wo
schon seit dem siebzehnten Jahrhundert eine Hausindustrie für Arbeiten in Elfenbein,
Schildpatt, Perlmutter, Knochen, Horn und Holz bestand, erhielten wieder in Fächer-
gestellen reichliche Aufträge. Neu eingeführte mechanische Methoden des Aussägens von
Perlmutter, Elfenbein und Schildpatt haben wesentlich zur Verfeinerung und Präzision
der schwierigen Arbeiten beigetragen.

In Deutschland begann die Wandlung zugunsten des Fächers seit der Neu-
begründung des Reiches. Ein jugendkühner Geist entfaltete rauschend seine Schwingen.

Abb. 116. Fächer von Helene Barges. Ausgeführt von Conrad Sauerwald. (Zu Seite 133.)

Abb. 117. Fächer von Helene Barges. Ausgeführt von Conrad Sauerwald. (Zu Seite 133.)

Die Kunst ward mitgerissen von dem gewaltigen Aufschwunge; sie erstarkte in allen ihren Zweigen, auch in denen der Aquarell- und Gouachemalerei, die an Breite und Tiefe gewannen, und sie verband sich inniger als bisher mit Industrie und Handwerk. Die mit freudiger Begeisterung und frischer Kraft unternommene Erneuerung des Kunstgewerbes, die sich steigernde Verfeinerung des Geschmackes und die Zunahme des materiellen Wohlstandes sind dem Fächer eine Renaissance geworden. Kunstgewerbliche Schulen, feinsinnige Künstler, Fachausstellungen, unter denen die 1891 zu Karlsruhe veranstaltete „Deutsche Fächerausstellung" einen Ehrenplatz einnimmt, und tatkräftige Industrielle haben eine Saat ausgestreut, die im besten Wachstum begriffen ist.

In der richtigen Erkenntnis von der Bedeutung der Kunst für den Fächer legten in Berlin, wie ehemals Alexandre in Paris, Conrad Sauerwald und einige andere Mitglieder des Kunstgewerbes Wert darauf, Entwürfe und Malereien von hervorragenden Malern und tüchtig geschulten kunstgewerblichen Kräften zu gewinnen. Dem unermüdlichen Schaffen entsprachen die Erfolge, denn der Fächer ist in allen Berliner Gesellschaftskreisen ein bevorzugter Liebling geworden, der zu Theatervorstellungen, Konzerten, Bällen und großen Soireen als unentbehrlicher Begleiter hinzugezogen wird. Wie Herder kann man reden von „unserer schönen Kreise Fächerwind". Und der Jüngling darf in Erinnerung an die holden Grazien des verflossenen Balles mit Hölty enthusiastisch preisen:

„Ihre Fächer waren Zephyrs Flügel
Und der Morgenhain ihr Putzgemach."

Malerfrauen werden immer das Vorrecht genießen, mit den schönsten Fächern zu fächeln. Meist sind diese Kleinode in seltnen glücklichen Stunden der Begeisterung entstanden, da der Held des Pinsels seine Braut oder sogar sein Weib für die Krone der Schöpfung hielt. Selbst diejenigen Meister, die vorsichtig jede Apotheose vermieden haben, lassen doch immer durchklingen das melodische Geläute reiner Liebe zur Kunst und zum lebendigen Kunstgebilde, dem Aphrodite die Schönheit verlieh. Auch über die von Malerinnen gezeugten Fächer kann Eros befriedigt sein, denn die staunenswerte

Abb. 118. Goldregen-Fächer von Elfriede Wendtlandt.
Aus den Ateliers von Conrad Sauerwald in Berlin W. (Zu Seite 133.)

Fülle von Amoretten und vielsagenden Blumen auf den Fächerblättern beweisen ihm, daß unter den Frauen noch die herrlichen Worte der Antigone in Geltung sind:

„Nicht mitzuhassen, mitzulieben bin ich da!"

Für die Kleinmalerei hat der deutsche Künstler von jeher ein warmes Herz gehabt. Die Neigung zu ihr liegt ihm im Blute. Was Schongauer, Dürer und Holbein besessen haben, ist ihm geblieben: Wärme des Empfindens, Sinnigkeit der Gedanken und eine starke Neigung zur Phantastik. Wer diese Künstlerfächer eingehend betrachtet, fühlt den lebendigen Schlag deutscher Herzen, atmet den Zauber deutscher Gemütstiefe und erquickt sich an der Frische deutschen Humors. Sie mögen sich bescheiden ausnehmen gegen die großen Leistungen der Kunst, aber auch sie sind in ihrer Art groß und zudem bezeichnend für den waltenden Geist.

Kaum ein Künstler, der nicht einen Fächer gemalt hätte. Jene Anton von Werners stammen aus früher Zeit — über den einen (Abb. 99) sind mehr als dreißig Jahre hingegangen, aber die von goldener Poesie umwobenen Gestalten der sterngekrönten Frau Aventiure, des Juniperus, des Gaudeamus, des Trompeters von Säckingen und Hugdietrichs üben noch immer ihre bestrickende Gewalt auf alle empfänglichen Gemüter aus, mag auch die Kunst ihren Kurs geändert haben. In der frischen, fröhlichen Zeit des ersten Schaffens und der ersten Lorbeeren hatte der Künstler sein Weib, Adolph Schrödters Tochter, heimgeführt. Auf dem Fächer ließ er nochmals die Hauptgestalten aus Scheffels und Wilhelm Hertz' Dichtungen in einem Huldigungszuge für die liebe, junge Hausfrau erstehen. Eine schönere und bedeutsamere Gabe konnte er der Gattin nicht bieten. Und diese hat den in der Frühlingszeit der Ehe entstandenen Fächer bis an ihr Lebensende wert gehalten.

Auch Fischer-Coerlins figurenreicher Fächer (Abb. 98), der an die heitere Farbenpracht und die feuchtfrische Meeresluft in den Schöpfungen Veroneses gemahnt, ist in solcher glücklichen Zeit entstanden. Eine Welt voll Schönheit erschließt sich in dem festlichen Zuge, der hinstrebt über die Flut zum lockenden Ziele. Kunst und Schönheit wollen den Bund fürs Leben schließen, dies ist der Gedanke, den der Künstler so berückend verkörpert hat.

Im Gegensatze zu dieser glänzenden Allegorie bietet Max Liebermann, damals in der rosigen Stimmung eines Verlobten, eine köstliche Fächeridylle glücklichen Friedens, ein beschauliches Dasein in ländlicher Flur, wie es dem alternden Horaz vorgeschwebt hat, als er sich sehnte, fern vom Treiben der Welt in stiller Muße die Bücher der Weisheit zu lesen. Die Geschichte, die der Künstler erzählt (Abb. 102), ist einfach — sie hat sich schon millionenmal wiederholt und wiederholt sich immer wieder — und doch ist sie ewig neu. Ein Pfeil kam geflogen, gerade als das Mädel auf sonniger Wiese beim Heuen war, und aus dem Mädel wurde alsbald eine Bäuerin und aus dieser eine Mutter. Nun sitzt sie glückstrahlend inmitten ihrer Buben unter dem Zweigen des alten Baumriesen, in dessen Geäst die Finken schlagen und die Eichhörnchen vergnügt die Nüsse knacken, während der Bauer unfern der Seinen über die weidende Herde wacht und von Zeit zu Zeit sinnende Blicke in die Ferne zum träumerisch-ruhigen Dorfe sendet. Kein Lärm, kein Streit — nur Friede! Packende Stimmung in meisterlicher Zeichnung! Auch der Stift ist zum adäquaten Ausdrucksmittel für des Künstlers tiefes Empfinden geworden.

Der Marinemaler bringt, wie begreiflich, seinen liebsten Besitz mit dem ewig atmenden Meere in Verbindung. So schwebt in der Mitte des Fächers (Abb. 97), den Hans Bohrdt der Gattin verehrt hat, ein glückhaftes Schiff über die blaue Flut. Mit geblähten Segeln, auf denen farbenschön das vierblättrige Kleeblatt und das Künstlerwappen prangen, zieht das reich bewimpelte Fahrzeug, ein alter Bau aus dem fünfzehnten Jahrhundert, der Heimat zu. Eichenblätter, Rosen und Kornblumen, symbolisierend die Fundamente der Ehe: Kraft, Liebe und Treue, ruhen am Strande. Ein Spruchband schlingt sich hindurch und trägt des ~~Gottfried von~~ Straßburg treuherzige Verse:

> „Du bist min, ich bin din;
> des solt du gewis sin.
> du bist beslozzen
> in minem Herzen;
> verlorn ist das slüzzelin:
> du muost immer dar inne sin.“

Paul Meyerheim behandelt das Thema „Gattin“ in mehr schalkhafter Weise. Sehr sinnig deutet er an, daß die Frau die erste Flöte in unserem Leben spielt. Einen kleinen, zierlichen Elfenbeinfächer (Abb. 106) hat er mit den entzückend gemalten Köpfchen der

Abb. 119. Fächer von Elfriede Wendtlandt. Aus den Ateliers von Conrad Sauerwald in Berlin W.
(Zu Seite 133.)

Gestalten aus Mozarts Zauberflöte geschmückt. Aber auch das Tierreich läßt er zur Huldigung in besonders prächtigen Vertretern auf dem Fächerblatte erscheinen. In berückender Farbenpracht (Abb. 96) schweben große Falter, denen talentvolle Amoretten die Schwingen bemalt haben, über dem schwarzen Gazegrunde dahin; vollkommen bezähmt von der Frauen Schönheit lagert der Gebieter des hohen Nordens, der Eisbär, auf der bläulich schimmernden Riesenscholle und lassen sogar schlanke, sehnige Gemsen, deren Heimat weit über dem dampfenden Tal das stolze Hochgebirge ist, furchtlos mit sich fächeln (Abb. 107—109 u. 111).

Nichts ist verfehlter, als in der Kunst Gesetze aufzustellen. Der echte Künstler hüpft über alle Lehrmeinungen graziös hinweg und macht das Unmögliche möglich. Gewiß sind für die Dekoration eines Fächerblattes Amoretten, Blumen, Vögel, Schmetterlinge, Libellen und verwandte leichte Gebilde, deren Wesen zur Vorstellung des Duftigen und Zarten anregt, sehr willkommen. Aber nur Vorwürfe zulassen zu wollen, die dieser Vorstellung entsprechen, würde Unsinn sein. Die Kunst liebt die Freiheit, auch auf dem Fächerblatte. Zaubert sie auf das lustige Ding farbenfrohe Triumphzüge, reizvolle Veduten, Eisbären und Gemsen, Marine- und Strandbilder, Bildnisse, historische Geschehnisse und solche des kleinbürgerlichen Lebens, so ist diese Freiheit in der Wahl der Vorwürfe ihr gutes Recht. Um so mehr leuchtet solches Recht ein, je besser die Malereien ausgeführt sind.

Ludwig Passini, der große Meister der Aquarellmalerei, kehrt sich an keine Beschränkung. Eine der alten, kraftvoll in Stein gebauten Bogenbrücken der Riva degli Schiavoni in dem ewig schönen Venedig dient ihm mitsamt ihrem Volksverkehr als willkommener Vorwurf, der sich vortrefflich der Fläche des Fächerblattes eingliedert (Abb. 100). Unter dem klaren Himmel der stolzen Venezia spielt sich auf der Brücke ein Leben ab, wie es reizvoller und mit feinerer Charakteristik wohl selten von einem Künstler erfaßt worden ist. Und um die Lagunenstadt noch schärfer zu kennzeichnen, sind an den beiden Enden der Brücke in weiter Ferne berühmte Bauten duftumflossen zum Vorschein gebracht, hier aus den Gebäuden sich emporreckend der schlanke Campanile von S. Giorgio Maggiore, dort die Kuppeln von S. Maria della Salute. Farbensatt, sonnigklar im Licht, breit und groß im Vortrag — der reine Passini! Das kleine Wunderwerk malte vor Jahren liebevoll der Vater als Gabe zur Konfirmation für sein jugendliches Töchterlein. Nachdem eine Weile mit ihm gefächelt wurde, hielt die glückliche Besitzerin es für besser, ihm unter Glas und Rahmen Schonung und Ruhr zu gönnen.

Mit Passinis Fächer wetteifert an Schönheit jener, auf dem Fritz August von Kaulbach eine Allegorie des Windes gemalt hat. Geistreich und vom Zauber der Poesie umwoben, gibt sich auch Max Seligers figurenreiche Fächerkomposition „Der Traum" und desselben Künstlers berückende Farbensymphonie „Nachtfalter" (Abb. 95 u. 112). Dem feinen Humor und dem bedeutenden koloristischen Können Hans Looschens entstammt das Fächerblatt „Geflügel auf der Wiese" (Abb. 91), eine farbenköstliche Hymne auf die Galanterie der Herren von Hahn gegen die Damen Henne. Geheimnisvoller Mondenschein, schlanke Nixen, weiße Wasserlilien, die träumerisch aus dem See zu dem silberglänzenden Gesellen emporschauen, dichtet mit ihrem Pinsel Maria Viktoria Peiler, deren Fächermalereien schon mancher Ausstellung zur Zierde gereicht haben (Abb. 113). Zu den heiteren Gefilden sorgloser, anmutiger Amoretten und schäkernder Götter führen Max Koch (Abb. 114), der schaffensfreudige Georg Schöbel (Abb. 92) und Hans Roberstein, dessen „Jugendzeit des Bacchus", ein duftiges, echt erotisches Werk, in der Umrahmung von feinsten Spitzen und mit dem prächtigen Perlmuttergestell zur glänzendsten Wirkung gebracht ist (Abb. 90). Und dann das Märchen — kein geringerer als Franz Starbina läßt es auf dem Fächer schillern und leuchten im Wunderglanze (Abb. 94). Der goldene Prinz verliebt sich in Schönheit und Einfalt — für einen Fächer ein ausgezeichneter Vorwurf, denn der goldne Prinz ist das vornehmste Ideal fächelnder Damen, deren Ringfinger noch nicht den fesselnden Reif trägt.

So sprudelt die Quelle Phantasie unermüdlich weiter. Grützner (Abb. 110), Papperitz, Zimm, Baisch, Kanoldt, Kallmorgen, Schönleber, Keller, E. Zimmer (Abb. 115), Stahl (Abb. 93), Elli Hirsch (Abb. 101), sie alle und noch viele andere haben aus der Quelle getrunken und auf Fächern in Farben geschwärmt, durchdrungen von tiefster Verehrung für das zierliche Gerät und für diejenigen, die es mit Grazie und Klugheit zu führen verstehen.

Da weder der tiefsinnigste Gelehrte noch der mächtigste Herrscher, weder der fürchterlichste Milliardär noch der weltentrücktetste Dichter einer schönen Fächerin eine Bitte zu versagen vermag, so blüht nicht nur der Künstlerfächer, sondern auch der Autographenfächer in üppigster Pracht. Der berühmteste stammt aus dem Besitze der verstorbenen Palastdame der hochseligen Kaiserin Augusta, der Gräfin L'Triolla. Alle hervorragenden Personen am damaligen Kaiserhofe haben auf ihm ihren Namen niedergeschrieben, auch der hochselige Kaiser Wilhelm und seine Gemahlin, das damalige kronprinzliche Paar, das jetzt regierende Kaiserpaar, Bismarck, Moltke, die Radziwill, die Redern, die Perponcher, die Pourtalès, Biron und Münster. Die meisten dieser Autographen stammen aus dem Jahre 1880. Kaum minder wertvoll ist der Palmenholzfächer mit den Auto-

Abb. 120. Fächer im Stil Louis XVI. Aus den Ateliers von Conrad Sauerwald in Berlin W. (Zu Seite 133.)

graphen der Bevollmächtigten am Berliner Kongreß 1878, der sich im Besitze der Baronin von Fredericks, geborenen Fürstin Troubetzkoy, in Stuttgart befindet. An der Spitze steht der Name „Salisbury", ziemlich zuletzt, zwischen Schowaloff und von Bülow, folgt der Name von Bismarck. Sind auf diesem Fächer die glänzendsten Diplomaten mit ihren Namen vertreten, so auf einem schlichten Weichselholzfächer der Freiin Luise von Gayling, Hofdame in Karlsruhe, die Namen der bedeutendsten Gelehrten. Die Autographen wurden gesammelt bei Gelegenheit des fünfhundertjährigen Jubiläumsfestes der Universität Heidelberg im August 1886. Die lange Reihe der Namen beginnt mit „H. von Helmholtz" und enthält auch die beiden folgenden: „Friedrich, Großherzog von Baden, Rector M." und „Friedrich Wilhelm, Kronprinz". Carl Löwig hat seinen Namen hinzugefügt: „112 Semester ununterbrochen gelesen," und E. Baumstark dem seinigen: „116 Semester." Th. Mommsen, Windscheid, Zeller, Kußmaul, Maxime Du Camp, Hermite, von Treitschke, Taylor, Stevenson, Bunsen, Brioschi, Walter — die Elite der Geisteswelt Deutschlands und des Auslandes! Manches Glied ist dieser glänzenden Kette bereits entrissen worden, aber über den schonungslosen Tod triumphiert der Ruhm — jenen Helden der Wissenschaft bleibt ewiges Leben.

Und nun nach dem Künstler- und Autographenfächer noch einige Worte über den Dilettantenfächer. Die Malerei mag talentvoll ausgeführt sein, aber der mit der Montierung betraute Fächermacher hat selten Freude an solcher Arbeit. Bei der Wahl, dem Zuschnitt und dem Bemalen des Fächerblattes sind eben gewisse Punkte vernachlässigt worden, welche das Montieren erheblich erschweren. Oft sind die benutzten Stoffe nicht appretiert, oft auch mit Farben bemalt, die schwer trocknen oder sogar feucht bleiben, oft ist der Stoff viel zu stark oder zu spröde, bisweilen ist nicht berücksichtigt, daß die Innenstäbe des Gestelles einen halbbogenförmigen Ausschnitt des Fächerblattes verlangen, und daß demgemäß der Teil der Malerei, der diesen Halbbogen überschritten hat, schonungslos der Schere verfällt, oft auch ist für die Malfläche ein ungewöhnliches Format gewählt, das die Beschaffung eines passenden Gestelles erschwert und verteuert. Kurz, es sind gar viele Klippen vorhanden, an denen das Gelingen scheitert, wenn sie nicht klug vermieden werden.

Als Malgrund werden Pergament, auch „Peau" oder „Schwanenhaut" genannt, Seide, Krepp, Gaze, Müllergaze, Marzelline und Papier verwendet. Es dürfen nur dünne, nicht dicke Stoffe sein, da diese den geschlossenen Fächer verunzieren, unhandlich machen, ihn sperren und in der Mitte soweit auseinanderdrücken würden, daß die Stäbe der Gefahr des Zerspringens ausgesetzt wären. Die Appretur der Stoffe muß eine derartige sein, daß sie die Faltenknisse bewahren und auf dem Gestell glatt und straff in den Falten sitzen. Zu schwache Appretur bewirkt, daß sich der Stoff beim Falten verzieht und beutelt, zu starke Appretur, daß er in den Falten bricht. Um allen Ansprüchen zu genügen, stellen gewisse Seidenmanufakturen solche Stoffe gleich mit der richtigen Appretur her, und zwar in vorzüglichster Qualität. Stets werden diese Stoffe im Gegensatz zu Kleiderstoffen gerollt geliefert, also ohne Falten. Wer daher das Blatt zu einem Fächer bemalen oder besticken will, handelt am besten, sich den nötigen Stoff in einer Fächerfabrik zu kaufen. Stickereien sind möglichst flach zu halten, und für Flitterverzierungen ist nur eine bestimmte Art dünn und fein geardeiteter Fächerflitter zu benutzen.

Die Anzahl der Falten wird bedingt durch die Zahl der Gestellstäbe. Auf jeden Stab entfallen zwei Falten, ausgenommen auf den Schlußstab, der nur eine erfordert. Besteht das Gestell aus zwei Außen- und sechzehn Innenstäben, so werden mithin fünfunddreißig Falten notwendig sein. Die Zahl der Falten ist also immer eine ungerade. Das Einteilen der Falten sollte vor dem Malen nie unterlassen werden, da nur in diesem Falle zu vermeiden ist, daß häßliche Durchschneidungen bedeutsamer Teile der Komposition durch die Faltknisse stattfinden. Bei reicheren figuralen Malereien ist als ein sicheres Mittel zur Verhütung solcher Fährnisse das Falten des Fächerblattes schon vor dem Malen zu empfehlen. Ist dies geschehen, so läßt sich das Blatt, da nun die Knisse dauernd markiert sind, bequem zum Malen wieder glatt auseinanderbreiten.

Das Einrichten der Falten geschieht am besten probeweise auf einem Papierblatte, da Bleistiftstriche vom Stoff nur schwer zu entfernen sind. Nachdem erst der innere und dann der äußere Halbkreis des Fächerblattes beschrieben ist, kann die Einteilung in fünfunddreißig Falten geschehen. Für die Malerei ist die erste Faltfläche auf der rechten Seite unbenutzbar, da sich auf diese der Deckstab legen wird. Wichtig ist, daß unter dem Durchmesser des Fächerblattes noch ein Streifen von mindestens einem Zentimeter Breite als Einschlag stehen bleibt.

Auch in bezug auf die Malerei sind einige Winke zu beachten. Das allzu pastose Auftragen der Farben beim Gouachieren ist nach Möglichkeit zu vermeiden, da alle Erhöhungen alsbald abblättern. Und bei der Wahl der Farben sollte berücksichtigt werden, ob der Fächer für eine Tages- oder für eine Abendtoilette bestimmt ist. Künstliches Licht ist imstande, die Farben erheblich zu verändern: je mehr Gelb sich in einer Flamme befindet, um so stärker wird diese Veränderung sein. Bei gewöhnlichem Gaslicht und elektrischem Glühlicht liegt daher die Gefahr nahe, daß die farbige Wirkung des Fächers erheblich abgeschwächt wird. Große hellgelbe Partien werden fast weiß erscheinen, weil gerade die Lichtsorten, durch deren Absorption im Tageslicht der Unterschied zwischen Gelb und Weiß sich bemerkbar macht, im Gas- und elektrischen Glühlicht nur in geringem

Maße vorkommen. Es ist daher stets geboten, ein recht tiefes Gelb zu wählen. Daß Orange einen Stich ins Gelb annimmt, Zinnober ungemein feurig und lebhaft wird, die Purpurfarben zum Rot neigen, Ultramarin stark ins Dunkle übergeht, lichtes Blau ins Grün fällt oder sich dem Weiß, Grau oder Violett nähert, und daß sich die Trias Rot, Geld, Ultramarin ebensowenig wie die Trias Purpur, Gelb und Blau für gelbe künstliche Beleuchtung eignet, sollte immer bedacht werden.

In der Fächerindustrie werden die farbigen Anforderungen, welche ein Abendfächer gegenüber einem Tagesfächer stellt, streng beachtet. Überhaupt ist die Industrie in allen ihren Einzelheiten in vollkommenster Weise ausgebildet. Insbesondere ist ein Reichtum an Formen vorhanden, der sich scheinbar nicht mehr steigern läßt, nichtsdestoweniger aber noch immer vermehrt wird, denn die Mode ist unersättlich und die Erfindungskraft unversieglich. Allerdings gehen Falt- und Teilfächer noch immer von der Gestalt des Halbkreises oder eines Segments aus, aber die Bogenlinie ist vielfach zur elliptischen oder Wellenlinie, zu Zacken, zu abgerundeten Zungen und sonstigen Gebilden umgewandelt worden (Abb. 116—119). Auch die Deckblätter und Innenstäbe weisen eine überraschende Verschiedenheit der Umrisse auf. So sind unter dem freien Spiel der Phantasie manche Silhouetten von einer Eigenart und einem hohen Reiz entstanden, daß sie selbst der strengste Stilist mit seinem Tadel von der Verwischung der Grundform und der Vernichtung der schönen Bogenlinie nicht mehr zurückzuweisen wagt.

Die Fülle der dekorativen Mittel tritt hinzu, um die Wirkung des Faltfächers zu steigern. Mit Hilfe von Malerei, Stickerei, Applikation, Flitter, Spitzen und anderem Material leichter Art wird das Fächerblatt zu einem entzückenden kleinen Kunstwerke umgewandelt. Stickereien auf Seide, farbenschöne Blumen und Falter, werden ausgeschnitten und auf Tüll appliziert. Mit schimmernden Flitterscheibchen werden Wirkungen erzielt, als ob sich vom Grunde leuchtender Goldregen abhöbe (Abb. 118). Duftige weiße oder schwarze Spitzen fügen sich dem Perlmuttergestell in feinster Harmonie ein, irgendwelcher farbigen Ausschmückung nicht mehr bedürfend, denn die zarten Gebilde der Nadel wirken durch sich selbst. Und doch ist die Lust an der Farbe so groß, daß auch ihnen Medaillons, die auf Gaze oder Seide gemalt sind, eingelassen werden (Abb. 116). Bis zu den neuen Applikationen von weißer Spitze auf schwarzem Tüll mit reicher Verzierung von Stahlflittern und weiter bis zu den neuen Fächerblättern aus Litzen- und Schnürspitzen, in alten deutschen Musterbüchern „Täntelschnür" genannt, welch ein Aufwand von Mitteln!

Ebenbürtig dem Fächerblatte erweisen sich die Gestelle (Abb. 120). Für die wertvolleren Fächer gelangen Perlmutter, Schildpatt, blondes Horn und Elfenbein zur Verwendung, für die weniger wertvollen Holz und Knochen, in jüngster Zeit sogar Celluloid, hingegen nicht mehr Metall, da sich Gestelle aus solchem Material nicht bewährt haben.

Unter der Perlmutter sind verschiedene Sorten zu unterscheiden: die Muscheln der weißen Perlmutter, deren sich mit besonderer Vorliebe die Chinesen bedienen, kommen von der West-, Nord- und Ostküste Australiens, vornehmlich aus der Gegend der Torresstraße, die schwarze Perlmutter aus dem Bereiche der Gesellschaftsinseln, insbesondere Tahitis, die sogenannte Burgos-Perlmutter aus dem Großen und dem Indischen Ozean, und zwar in besonders schöner Qualität aus der Straße von Malakka, die Goldfischperlmutter von den Küsten Japans und die grünlich schillernde Irisperlmutter von der Küste Neuseelands. Nachdem die Muscheln zu feinen Platten zerschnitten sind, gelangen sie zur weiteren Verarbeitung in die Hände der mit der Herstellung der Fächergestelle vertrauten Fachleute. Der koloristische Reiz der meisten Sorten wird noch erhöht durch Beizen und Färben. Reicht die Größe der Platte nicht aus, um aus ihr einen Deckstab oder einen Innenstab ungeteilt zu schneiden, so werden die Stäbe aus zwei Teilen durch ovale Überblattung und durch Kitten zusammengesetzt. So fein wird diese Verbindung ausgeführt, daß sie mit bloßem Auge kaum wahrnehmbar ist.

Für Schildpatt werden die dreizehn größeren und sechsundzwanzig kleineren Rückenschuppen der Karettschildkröte benutzt. Das Schildpatt läßt sich wie Horn bearbeiten, in heißem Wasser erweichen und dann formen und pressen, aus mehreren Stücken zu einem verbinden, schmelzen und gießen. Je nach der Herkunft und nach der Farbe, die in das klarste Gelb, das satteste Braunrot und sogar in ein geflammtes Schwarz hineinspielt, werden mehrere Sorten unterschieden. Eine der schönsten Sorten, schwarz mit blaßgelben Flecken, die gegen das Licht gehalten in herrlichstem Weinrot leuchtet, kommt aus dem Chinesischen Meer und von den Küsten Manilas. Wenn sich auf tiefbraunem Grunde rote Wolken zeigen, so lautet die Bezeichnung „Jaspisschildpatt". Weniger durchsichtig ist das weinrote, hellgelb gefleckte Schildpatt aus dem Bereiche der Seychellen im Indischen Ozean. „Ägyptisches Schildpatt" kommt über Alexandria und ist in Wirklichkeit indischer Herkunft. Minderwertige Sorten liefern das Mittelländische Meer und der Atlantische Ozean. Auch Amerika spendet Schildpatt, und zwar ein solches, das an der Außenseite grünlich, an der Innenseite fast schwarz ist, große Wolken besitzt und bei durchfallendem Licht rötlich erscheint.

Unter den Hölzern wird Veilchenholz bevorzugt. Von violblauer oder rötlicher Farbe, nimmt es die schönste Politur an. Zudem ist es haltbar und gut zu verarbeiten. Ein feiner aromatischer Duft ist ihm eigentümlich, der angenehmer wirkt als der strenge Geruch des früher stark bevorzugten Sandelholzes. Verschiedene tropische Länder, vornehmlich aber Ostindien, sind die Bezugsquellen für Veilchenholz. Außerdem gelangen noch Ebenholz, Birnbaumholz, dieses gebeizt oder lackiert, sowie verschiedene andere Hölzer zur Verwendung.

Über die edlen Verfahrungsweisen des Durchbrechens, Ziselierens, Tauschierens, Inkrustierens, Gravierens und Einreibens mit Gold, über die Anteilnahme des Goldschmiedes und des Juweliers ist bereits zur Genüge geredet worden. Gewiß hat Frankreich in der Herstellung gewisser Fächergestelle, insbesondere jener aus Perlmutter und Schildpatt, noch das Übergewicht, aber angesichts des unermüdlichen Arbeitens der deutschen Kunstindustrie ist zu erwarten, daß die Zeit nicht mehr fern ist, in der auch auf diesem Gebiete die heimischen Leistungen jenen fremden gleichkommen.

Es erübrigt noch, der Federfächer mit einigen Worten zu gedenken. Als Teilfächer sind sie wieder vorn gevorden und zu dem Faltfächer in Mitbewerb um die Zuneigung der Damen getreten. Neben dem Fächer aus Straußen- oder aus Marabufedern hat die nimmer rastende Industrie auch den Flügel- und Stoßfederfächer und den Fächer aus zusammengesetzten Federn erfolgreich ins Feld geführt. In sämtlichen Arten werden die reizvollsten Leistungen geboten. In den Fächern aus zusammengesetzten Federn sind kleine, bunte Federchen heimischer und ausländischer Bewohner der Lüfte auf einer haltbaren, kräftigen Federunterlage, die aus Auerhahn- oder schwarz gefärbten Putenfedern bestehen kann, mosaisch zu farbenschönen Mustern geordnet, während bei den Flügel- und Stoßfederfächern die Flügel- und Stoßfedern von größeren Raub- und Wildvögeln, wie Adler, Uhu, Habicht, Bussard, gewissen Eulenarten, Auerhahn, Birkhahn und Trappe, zur Verwendung gelangt sind. Für die Flügelfächer werden die Federn des Vogels von der linken Hälfte des linken Flügels bevorzugt, da diese besser und breiter gezeichnet sind und im Fächer voll zur Geltung gelangen. In der gleichen Reihe, wie die Federn im Flügel gesessen haben, werden sie auch dem Fächer eingereiht; zuvor werden sie jedoch, ebenso wie die Stoßfedern, gewaschen, im Kiel genügend bearbeitet und gerade gerichtet.

Rotgoldig und grünlich schillernde Lophophorfedern, grüne Fasan- und köstlich schimmernde Kolibrifedern, besetzt mit Stahlflittern, goldbraune Fasanfedern, schwarze Fasan-, Mandarin- und Strohvogelfedern, Perlargus, Nußhäherfedern, Steinhuhnfedern, Birkhahnfedern, vereint mit echten Schildpattgestellen, wer von den armen Erdgeborenen männlichen Geschlechts vermöchte solchem Rüstzeuge weiblicher Koketterie zu widerstehen? Selbst die gelehrte Frauenrechtlerin folgt ihrem angeborenen Drange und fächelt so graziös mit einem Eulenflügelfächer, daß ihr alle Gelehrsamkeit verziehen wird. Oh, es gehört Selbstentsagung dazu, diese Industrie, die solche Angriffswaffen gegen uns schmiedet, zu preisen. Und doch gebietet die Gerechtigkeit rückhaltlos einzugestehen, daß Ausgezeichnetes auf dem Gebiete der Fächerindustrie geleistet wird. Man empfindet, daß alle Fächermacher tief durchdrungen sind von der Wahrheit des nur um eine Kleinigkeit veränderten Dichterwortes:

> „Nur dem Ernst, den keine Mühe bleichet,
> Rauscht des ‚Goldes‘ tief versteckter Born."

Es ist schwer, von dem Fächer zu scheiden, noch dazu, wenn er von dem lebendigen
Ebenbilde einer Milonischen oder Knidischen Aphrodite in sanfte Schwingungen versetzt
wird. Die Geschichte des Fächers lehrt, daß selbst gewaltige Olympier auf den Thron-
sesseln sich von dem graziös geführten Zaubergerät zum Schaden ihrer selbst und ihrer
Untertanen nicht zu trennen vermochten. Nur mit Charakterstärke läßt sich die Tren-
nung vollziehen. Und wundertätig mahnt auch in herrlichen Worten der große
Michelangelo:

> „Weh' jedem, der vermessen und verblendet
> Die Schönheit nieder zu den Sinnen reißt!"

So mag er fahren dahin, der Fächer, und mit ihm die listige, kokette, herrschsüchtige
Fächerin! Doch halt — der Zauber weicht nicht. Das entzückende Ding tändelt so lustig
und leicht über dem roten Sammet der Logenbrüstung wie ein Falter im Sommer
über dem Blütenmeer. Da plötzlich zuckt es über dem Fächer her wie der Blitz —
der Blitz eines feurigen, braunen Augenpaares. Und er hat gezündet! Raffael Sanzio
möge in begeisterten Versen weiter reden —

> „So glüh' ich nun, daß Strom und Meer zusammen
> Die Glut nicht löschen, die mich ganz durchloht:
> Doch ist mir wohl in meiner süßen Not,
> Schon lodernd möcht' ich nur noch lichter flammen."

Namen-, Orts- und Sachregister.

Inhalt.

Seite

CPSIA information can be obtained
at www.ICGtesting.com
Printed in the USA
BVHW08s1254190918
527933BV00030B/1493/P